Jesus e nós na Eucaristia

Secretariado Arquidiocesano de Pastoral
(Florianópolis)

EDITORA
VOZES
Petrópolis
em coedição com
Arquidiocese de Florianópolis

Direitos de publicação cedidos à
1996, Editora Vozes Ltda.
Rua Frei Luís, 100
25689-900 Petrópolis, RJ
www.vozes.com.br
Brasil

66ª edição, 2014.

10ª reimpressão, 2024.

Colaboração
Clero e catequistas de primeira eucaristia

Assessoria
Pe. Paulo Bratti
Pe. Ney Brasil Pereira

Ilustrações
Maria Carmem Blatt

Coordenação e redação
Pe. Claudionor José Schmitt, SCJ
Irmã Lúcia Gianesini
Irmã Carmem Ramos

ISBN 978-85-326-0105-6

Este livro foi impresso pela Editora Vozes Ltda.

Agradecimento

Os responsáveis pela coordenação e redação deste livro sentem-se na obrigação de agradecer a todos os que assumiram o trabalho de revisar as 40 lições, enviando correções, emendas e valiosas sugestões:

Dom Afonso Niehues
Mons. Valentim Loch
Pe. Aegídio Körbes SJ
Pe. Pedro José Koehler
Pe. Egydio Bertotti
Frei Raul Bunn OFM
Pe. Artur Betti
Frei Belmiro Brondani OFM
Pe. Huberto Waterkemper
Pe. Otmar Schwengber SJ
Pe. Sérgio Maykot
Pe. Cláudio Cadorin
Frater Jorge Cantos SJ
Sérgio José de Souza
Irmã Delcy Heck
Irmã Célia Leal
Irmã Neves Alves
Irmã Cleonice Stinghen
Irmã Hercy Júlia Reis
Irmã Lourdes Bett
Irmã Verônica Cendron
Irmã Helena Teixeira
Pia Fiamoncini Beber
Elvira Valandro Ramos
Maria Lauza Santana
Herondina Ferreira Macedo
Natália Ramos

Apresentação

É com satisfação que, neste Ano Jubilar da Arquidiocese de Florianópolis, apresentamos ao nosso clero, aos agentes de pastoral e, em particular, aos nossos dedicados catequistas, este novo manual: **JESUS E NÓS NA EUCARISTIA**, o qual é uma reformulação total do livro anterior intitulado: "Meu encontro com Jesus na Primeira Eucaristia".

Sim, este manual surge em boa hora, como uma resposta a um insistente e justificado pedido de tantos catequistas de Primeira Eucaristia.

Uma das preocupações fundamentais que, desde o início, presidiu aos trabalhos de elaboração, foi a de se oferecer um livro alicerçado num esquema teológico-doutrinário mais completo, sistemático, progressivo e atualizado: **O PLANO DA REVELAÇÃO DIVINA**.

Entretanto, este novo manual de Primeira Eucaristia não só apresenta uma diferente estrutura em seu conteúdo geral, mas também uma nova formulação didático-pedagógica de suas quarenta lições. Com efeito, cientes da eficiência e ampla penetração da técnica de ensino chamada Estudo Dirigido, procurou-se explicitar o conteúdo doutrinário-vivencial de cada lição, dentro da estrutura desta moderna técnica de ensino.

Em suma, tanto a estrutura teológico-doutrinária do livro como a estrutura didático-pedagógica de cada lição, querem sublinhar a unidade profunda que existe entre a ação reveladora de Deus e a experiência vivencial dos homens.

Com isto, pretende-se oferecer um instrumento mais eficiente e oportuno para evangelizar e catequizar.

Publicando este novo livro, outra intenção não nos move, a não ser a de colaborar para a difusão do **REINO DE DEUS**.

A dedicada equipe responsável pela coordenação e redação e a todos quantos lhe deram sua contribuição, as melhores bênçãos divinas.

Florianópolis, 17 de janeiro de 1977
Dia do 50º aniversário da arquidiocese

DOM AFONSO NIEHUES
ARCEBISPO METROPOLITANO

Cartinha para você

Querida criança,

Hoje você vai começar a ler e a estudar um novo livro. O nome deste livro é **JESUS E NÓS NA EUCARISTIA**. Com a ajuda das 40 lições deste livro, você poderá se preparar melhor para o seu 1º Encontro com Jesus na Eucaristia.

Este livro vai falar de você, de seus amigos, de sua família, de sua Igreja, de Jesus Cristo e de tanta coisa bonita... Acima de tudo, estudando bem cada lição, você poderá descobrir melhor o bom Deus. E Deus quer se mostrar ou se manifestar a você e a todos os homens. Esta manifestação de Deus chama-se **REVELAÇÃO**. Revelação vem de "re-velar" que quer dizer tirar o véu.

Sim, para muitas crianças, Deus parece ainda estar escondido atrás de um véu... Vamos tirar este véu, estudando bem mesmo cada lição deste livro?

Deus vai se revelar a você em três grandes etapas.

Veja o desenho:

Por estas três etapas, Deus se revela e continua se revelando a todos os homens. Neste tempo de preparação, você irá conhecer melhor estas etapas que o livro chama **UNIDADES**. E repare bem: a 2ª etapa, etapa da história, se divide em três subetapas que o livro chama **SUBUNIDADES**.

Querida criança, nesta caminhada Deus estará sempre ao seu lado, como o melhor dos amigos. Com a ajuda do bom Deus você descobrirá muita coisa boa para tornar os outros mais felizes. E tornando os outros mais felizes, você mesmo será mais feliz.

Com alegria, fazemos votos de que você cresça sempre na mais íntima amizade com Deus.

O abraço carinhoso da equipe que preparou este livro para você.

Ficha para você preencher

Querida criança, esta página é sua. Assim como Deus vai mostrar-se para você através de três etapas, você se mostrará ou se revelará para Deus, para seu catequista, para seus amigos, através desta ficha. Para isso, preencha os vazios que encontrar:

Meu nome: ____

____

Nasci no dia____de ________de _______. Tenho______anos.

Fui batizado no dia_________na Igreja de____________________

Nome de meu pai:____________________

Nome de minha mãe: __________________

Tenho________________irmãos e___________________irmãs.

Estou estudando na_____ série do_________grau.

Minha professora chama-se: ____

Nome de minha escola: ____

Eu pertenço à Diocese de: ____

Meu bispo chama-se:____

Pertenço à Paróquia____

O nome de meu vigário é:____

Com muita alegria comecei hoje, dia_____de______________________, a preparação para o meu 1º encontro com Jesus na Eucaristia. Terei catequese todas as semanas nas________________ _____________das __________ horas às ____________ horas.

Meu/Minha catequista chama-se: ____

Meu endereço é este:

Rua____

Nº _________________________________

Fone: ________________________________

Bairro: ______________________________

Cidade: ______________________________

Estado: ______________________________

Sumário

1. A Bíblia

Livro sagrado que nos fala de Deus

(Lc 8,4-15; 2Tm 3,14-17)

I. TEXTO BÁSICO

Era o Dia do Professor. Todas as crianças do 5º ano prepararam uma surpresa para sua professora, oferecendo-lhe um presente. Abrindo o pacote, D. Alice ficou comovida: era uma **BÍBLIA**. Agradecendo o lindo presente, a professora falou: – A Bíblia é o livro mais importante do mundo. Por este Livro Sagrado, Deus, nosso Pai, se manifesta ou se revela. Nós sabemos que a revelação de Deus se dá em três etapas. Quem se lembra: Quais são as três grandes etapas nas quais Deus se revela a todos os homens? Roberto respondeu:

– Deus se revela a todos os homens em três grandes etapas:

1ª – O MUNDO CRIADO

2ª – A HISTÓRIA DO POVO DE ISRAEL, DE JESUS DE NAZARÉ E DA IGREJA

3ª – O CÉU

– Muito bem, Roberto, continuou a professora. Mas é bom saber que há muitos e muitos séculos atrás quase não se podia percorrer estas etapas, pois quase ninguém conhecia direito o bom Deus.

Foi preciso que Deus mesmo falasse, para revelar-se melhor. Sim, no seu grande amor, Deus começou uma conversa com os homens. E sua Palavra, como um sol, iluminou tudo. Esta santa Palavra afastou o véu que escondia o bom Deus.

E onde podemos, hoje, encontrar a Palavra de Deus?

– Podemos encontrar a Palavra de Deus num Livro Sagrado, a Bíblia.

A Bíblia é como uma carta que Deus escreveu para nós. Nela encontramos muitos recados ou mensagens que nosso bom Pai do Céu nos manda.

Sempre que lemos a Bíblia ou escutamos as leituras da missa, Deus nos fala. Por isso mesmo, devemos tratar a Bíblia com muito respeito, muito carinho e muito amor.

A Bíblia, pelas suas ricas mensagens, nos ensina a história de nossa salvação. Com a Bíblia, aprendemos a amar a Deus em si mesmo e em todos os nossos irmãos.

É bom lembrar também: A Bíblia não é apenas um livro, mas uma coleção de livros.

A Bíblia se divide em duas partes:

1ª – ANTIGO TESTAMENTO OU ANTIGA ALIANÇA: São 46 livros que nos contam como Deus preparou a salvação dos homens. Foram escritos antes do nascimento do Filho de Deus.

2ª – NOVO TESTAMENTO OU NOVA ALIANÇA: São 27 livros que nos falam como o Filho de Deus, Jesus Cristo, salvou os homens. Foram escritos depois do nascimento de Cristo.

Cada livro da Bíblia é dividido em capítulos e cada capítulo em versículos. Por exemplo: Em Mt 7,24 lemos assim:

Evangelho de São Mateus, capítulo 7, versículo 24:

"Aquele que ouve as minhas palavras e as põe em prática é semelhante a um homem inteligente que construiu sua casa sobre a terra firme".

II. ATIVIDADES

1ª – Para você responder, passar a limpo no seu caderno de atividades e memorizar:

1. Quais são as três grandes etapas nas quais Deus se revela a todos os homens?
2. Onde podemos encontrar a Palavra de Deus?
3. Que é a Bíblia?
4. Como se divide a Bíblia?

2ª – Em casa, com a ajuda de seus pais, abra a Bíblia em Lc 8,4-15. Trata-se de um trecho muito lindo que fala do semeador. Em seguida escreva uma oração, pedindo a Deus que transforme seu coração em um terreno bom, onde a semente da Palavra de Deus possa nascer, crescer e produzir frutos de boas obras.

____

____

____

____

____

____

3ª – CANTO

Refrão: A Bíblia é a Palavra, Palavra do Senhor. * É a carta que Deus Pai, Deus Pai nos enviou!

1. Deus Pai falou bem alto em toda a criação.* Falou logo depois a nosso pai Adão.
2. Palavra do Senhor é a **Revelação:** * Deus Pai falou bem claro a nosso Pai Abraão (C.O., n. 49).

ou

CANTO: Eu vim para escutar (p. 100).

III. PARA VOCÊ VIVER

Quero mostrar-me agradecido a Deus pela Bíblia, esta carta que Ele nos mandou com muito amor. Todos os dias vou ler um trechinho da Bíblia, para tirar dela uma mensagem, um recado do meu grande amigo que é Deus.

2. Escolhi você

Escolhi você, chamando-o pelo nome

(1Sm 1–3)

I. TEXTO BÁSICO

Quando as crianças ocuparam seus lugares na sala de aula puderam ver como D. Alice havia colocado a Bíblia num lugar de honra. À direita do Livro Sagrado estava um lindo vaso de flores, e, à esquerda, uma vela acesa. E D. Alice falou: – Crianças queridas, vocês não podiam ter escolhido um presente mais precioso para sua professora. Como gostaria que nas casas de vocês se encontrasse uma Bíblia também! Este Livro Sagrado nos conta tantas histórias bonitas. Hoje vou contar uma destas lindas histórias para vocês:

Um casal muito amigo de Deus, depois de longa espera, teve um filho que recebeu o nome de Samuel. Cumprindo uma promessa, os pais levaram o pequeno ao Santuário de Siló, onde trabalhava o Sacerdote Eli.

Certa noite, o menino escutou uma voz que o chamava: *"Samuel, Samuel".* Assustado, o menino correu até o quarto de Eli e perguntou: – Que há? Você me chamou? Eli respondeu: – Não chamei você. Volte para a cama. Samuel deitou-se, mas, por duas vezes ainda, a mesma voz se fez ouvir: *"Samuel, Samuel".* Na terceira vez, seguindo o conselho de Eli...

Samuel respondeu: *"Falai, Senhor, porque o vosso servo escuta"* (cf. 1Sm 3,10).

E Deus falou com Samuel. No dia seguinte, o menino contou a Eli que Deus estava muito triste com ele. É que Eli não repreendia seus filhos que faziam muita coisa errada.

Podemos estar certos de uma coisa: Assim como Deus chamou Samuel pelo nome, chama hoje a cada um de nós: Sérgio, Inês, Otávio, Olivéria. E não só Deus nos chama, mas também nos escolhe, como escreveu o Profeta Isaías: *"Mesmo antes do meu nascimento, o Senhor me escolheu, chamando-me pelo nome"* (Is 49,1).

Mas por que Deus nos escolhe e nos chama pelo nome?

Deus nos escolhe e nos chama pelo nome porque nos ama e acredita em nosso amor.

E o amor de Deus se derrama sobre todos os nossos amigos, sobre nossos pais, nossos irmãos... A cada um Deus escolhe e chama pelo nome.

É bom notar que o menino Samuel ouviu a voz de Deus, ou seja, a Palavra de Deus, no silêncio da noite...

A Palavra de Deus é comparada a uma semente. Isto quer dizer que a Palavra de Deus precisa encontrar um terreno bom para brotar e crescer. O terreno bom é o nosso coração preparado para receber a Palavra de Deus.

Principalmente neste tempo de preparação para o nosso grande encontro com Jesus, precisamos, às vezes, fugir do barulho e fazer silêncio dentro de nós.

Assim, estaremos preparando o nosso coração para receber a Palavra de Deus. Então, todos rezaremos como Samuel:

"Falai, Senhor, porque o vosso servo escuta" (1Sm 3,10).

II. ATIVIDADES

1ª – Para você responder, passar a limpo no seu caderno e fixar bem:

1. Certa noite, o menino Samuel escutou a voz de Deus, chamando... Que respondeu Samuel?
2. Por que Deus nos escolhe e nos chama pelo nome?
3. A Palavra de Deus é comparada com uma semente. Que quer dizer isto?
4. Principalmente neste tempo de preparação, que faremos para que nosso coração se torne um bom terreno, capaz de receber a Palavra de Deus?

2ª – Desenhe uma barrinha bem bonita em torno deste pequeno texto:

A Bíblia nos diz que Deus sabe tudo. Conhece até o número das estrelas e chama cada uma pelo seu nome. Ora, nós somos muito mais importantes que as estrelas... Deus nos afirma que antes de nosso nascimento Ele já sabia o nosso nome e nos escolhia, para vivermos no seu amor (cf. Is 49,1).

3ª – CANTO: Eis-nos, Senhor, nós estamos aqui (p. 100).

III. PARA VOCÊ VIVER

Quero ficar algumas vezes em silêncio, pensando em Deus. Também quero esforçar-me, para fazer alguma coisa boa que Deus me pede: quando minha mãe, meu pai, minha professora ou qualquer outra pessoa me pedem alguma coisa.

3. Deus criador

Tudo o que existe foi criado por Deus

(Gn 1,1-25)

I. TEXTO BÁSICO

Roberto e Regina eram grandes amigos. Um dia resolveram fazer um passeio. No caminho por onde andaram puderam admirar tanta coisa bonita: pontes, casas, carros, parques, praças e mil brinquedos. Roberto, olhando para tudo isso, falou: – Como é grande a inteligência do homem que fez tanta coisa bonita!

Continuando a caminhar, entraram num bosque e encontraram árvores, flores, frutas, passarinhos, água, peixes e luz, muita luz, porque o sol estava lindo.

Desta vez foi Regina quem falou: – Como deve ser grande, muito grande mesmo a inteligência de Deus, que criou tudo isto para nós, homens! E Regina, sabendo que seu amigo gostava de ler, tirou da sacola uma Bíblia, procurou o começo do 1º livro chamado Gênesis e leu:

"No princípio, Deus criou o céu e a terra. A terra estava sem forma e vazia. As trevas cobriam o abismo, e o espírito de Deus pairava sobre as águas" (cf. Gn 1,2). Assim falou Deus: *"Faça-se a luz"*, e a luz foi feita. Deus separou a luz das trevas, chamando a luz dia, e as trevas noite.

Deus continuou: *"Apareçam na água peixes e voem pássaros sobre a terra".* Isso aconteceu, e Deus viu que tudo era bom.

Em seguida Deus disse: *"Brotem da terra verduras, ervas com sementes e árvores que dão frutos. Apareçam na terra também animais de todas as espécies"*. E assim se fez.

Deus viu que tudo era bom e por fim criou o *"Homem à sua imagem e semelhança"* (cf. Gn 1,1-26).

Sim, alguém todo-poderoso, todo-bondade, todo-amor, criou tudo para nós.

A Bíblia não nos diz quando, nem como, Deus criou todas as coisas. A Bíblia nos diz o mais importante: **tudo vem de Deus**.

Mas quem é Deus?

– Deus é nosso Pai do Céu, que nos criou, para sermos seus filhos felizes.

– Deus é aquele que sempre existiu e sempre existirá.

– Deus é nosso grande amigo, que nos chama para o seu reino.

– Quer dizer que Deus criou tudo e agora está descansando?, perguntou Roberto: – Não! Em certo sentido, Deus nunca descansou, respondeu Regina.

A criação de Deus continua hoje também. É pelo poder de Deus que nascem as plantas, crescem as árvores, brilha o sol, cai a chuva sobre a terra, nascem e crescem os animais e os homens.

E não é só isso, terminou Roberto:

– Deus espera que o homem, usando sua inteligência e vontade livre, colabore na obra da criação. Vejamos as palavras de Deus a nossos primeiros pais: *"Povoai, submetei e dominai a terra"* (cf. Gn 1,28).

Mas como colaborar com Deus? – Estudando e trabalhando para a construção de um mundo mais bacana e legal. Um mundo onde todos se tratem como irmãos. Um mundo onde todos se ajudem e se amem de fato.

II. ATIVIDADES

1ª – Para você responder, passar a limpo no caderno de atividades e saber bem:

1. Sobre a criação do mundo, que nos diz a Bíblia?
2. Quem é Deus?
3. E a criação de Deus já acabou? Já está pronta?
4. Que espera Deus da inteligência e da vontade livre do homem?

2ª – CANTO: Sol e lua bendizei (p. 100).

III. PARA VOCÊ VIVER

Diante de qualquer criatura de Deus como uma flor, um passarinho, uma manhã de sol, uma montanha verdejante, quero dizer: Senhor, meu Criador, muito obrigado por tanta coisa bonita, que aumenta a minha alegria e a minha felicidade!

4. A criação do homem

Deus criou o homem para fazê-lo muito feliz

(Gn 1,26-31; 2,1-25)

I. TEXTO BÁSICO

Voltando de seu passeio, onde tinham visto tanta coisa bonita, Regina e Roberto tornaram a abrir a Bíblia para ver o que ela dizia a respeito da criação do homem.

Ficaram maravilhados, quando leram que *"Depois de ter criado tudo, no céu e na terra, Deus pensou em criar o homem à sua imagem e semelhança, para ele reinar sobre os pássaros do céu, sobre os animais e sobre toda a terra"...*

E Deus criou o homem e a mulher, dizendo: *"Crescei e multiplicai-vos, tomai conta da terra e dominai sobre tudo o que existe"* (cf. Gn 1, 26-31).

– Mas, ser criado à imagem semelhança de Deus, que quer dizer isto?, perguntou Regina. Roberto respondeu:

– Ser criado à imagem e semelhança de Deus quer dizer: ser parecido com Deus na inteligência, na vontade livre e na capacidade de amar.

Pode ver, o homem é diferente de todos os animais, porque é inteligente, é livre e sabe amar.

Nós não sabemos exatamente como Deus fez para criar o homem. Sabemos, sim, que o homem foi chamado por Deus à vida depois que todas as outras criaturas tinham sido feitas. Isto para que nada faltasse ao homem, para que ele pudesse usar de tudo, como senhor e dono da terra.

A Bíblia nos diz que Deus criou o homem para ser seu filho amado e feliz para sempre.

Mas o homem tinha o dever de colaborar sempre com Deus, que assim lhe falou:

"Eu conheço aquilo que é bom para ti e aquilo que te pode fazer mal. Eu vou cuidar da tua felicidade, mas terás que fazer aquilo que eu mandar. Se me obedeceres, viverás nesta terra como num paraíso. Do contrário, morrerás certamente" (cf. Gn 2,16-17).

Além dos homens, Deus criou uma multidão de espíritos celestes, chamados anjos.

Como nossos amigos, os anjos muito nos ajudam a fazer o bem. Cada um de nós recebeu de Deus um Anjo Protetor, chamado Anjo da Guarda (cf. Mt 18,10-11; Sl 90,11-12).

Nem todos os anjos ficaram amigos de Deus. Os que se revoltaram contra Deus acabaram no inferno e se transformaram em anjos maus ou demônios (cf. Ap 12,7-9; 2Pd 2,4).

II. ATIVIDADES

1ª – Para você responder e saber de cor:

1. Que quer dizer "Ser criado à imagem e semelhança de Deus"?

2. Como Deus fez para criar o homem?

3. Que nos diz a Bíblia a respeito da criação do homem?

4. Além dos homens, o que Deus criou?

5. Todos os anjos continuaram amigos de Deus?

2ª – Com um traço colorido, ligue a ideia da primeira coluna com a ideia da segunda, de modo a formar uma frase correta:

– Deus criou o homem	– Depois criou o homem
– O Anjo da Guarda	– São os demônios
– Os anjos maus	– É o nosso protetor
– Primeiro Deus criou todas as coisas,	– A sua imagem e semelhança

3ª – Para você aprender de cor e rezar principalmente à noite, antes de deitar, e de manhã, ao levantar:

– Santo anjo do senhor, meu zeloso guardador, se a ti me confiou a piedade divina. Sempre me rege e guarda, governa e ilumina. Amém.

4ª – **CANTO:** Nós louvamos o teu nome (p. 100).

III. PARA VOCÊ VIVER

Ó meu Deus, vós me criastes para a felicidade. Obrigado, Senhor. Dai-me a graça de colaborar sempre convosco, fazendo em tudo a vossa vontade.

5. O pecado do mundo

Alguém procurou estragar o lindo plano de Deus, mas o Criador não abandona sua criatura

(Gn 3,1-24)

I. TEXTO BÁSICO

Regina e Roberto gostaram muito da mensagem encontrada nos dois primeiros capítulos do Gênesis: a **Criação**. No dia seguinte, chegando na sala de aula, Regina exclamou: – Quanta coisa bonita, criada por Deus ou feita pelos homens, encontramos neste mundo!

– Sim, continuou Roberto, tudo foi preparado por Deus, para que o homem encontrasse a felicidade. Mas...

Para que o homem fosse sempre feliz devia colaborar com Deus, fazendo a sua vontade.

Nisto alguém do grupo perguntou: – Será que o homem colaborou mesmo com Deus? Fez-se grande silêncio na sala. A professora D. Alice aproveitou a ocasião para explicar a existência do mal no mundo.

– A Bíblia nos conta que Deus, ao criar o homem, queria unicamente a sua felicidade. Mas, para que o homem nunca perdesse esta felicidade, devia colaborar com Deus. Sim, o homem devia dar a Deus uma grande prova de amor: **Fazer a vontade do Pai do Céu**.

Mas, sabemos que, no caminho do homem, apareceu o mentiroso, também chamado demônio. Aquele que sempre procura estragar o Plano de Deus e os planos dos homens bons. E nossos primeiros pais escutaram no seu coração a voz do demônio:

"Deus prometeu cuidar da vossa felicidade? Não entreis nessa. Só eu posso fazer-vos felizes. Para isso, só vos peço uma coisa: fazei sempre a minha vontade. Assim ficareis iguais a Deus, conhecendo o bem e o mal" (cf. Gn 3,1-8).

Enganados pelo **mentiroso**, nossos primeiros pais não deram a **Deus** aquela prova de amor, aquele bonito sim.

Viraram as costas para Deus, nosso Pai, respondendo-lhe com um ingrato **não**. Foi este o 1° pecado do mundo.

O primeiro pecado que se cometeu no mundo chamou-se **Pecado Original**, porque está na origem de todos os outros pecados.

Todos nós nascemos com este **Pecado Original** que é a nossa inclinação para o orgulho, isto é, a inclinação que a gente sente para se tornar independente até de Deus. Mas...

Nosso Pai do Céu não abandonou o homem na sua desgraça.

Deus assim falou ao demônio: *"Vou estabelecer uma inimizade entre ti e a mulher, entre a tua descendência e a descendência dela"* (cf. Gn 3,15).

Dentro do Plano de Deus, esta mulher de que fala a Bíblia é Nossa Senhora, única criatura que nasceu sem o pecado original. Através desta mulher maravilhosa, chegaria a todos os homens a **Salvação prometida por Deus**:

O Salvador seria o próprio filho de Deus, Jesus Cristo.

D. Alice terminou a aula com estas palavras: "Minhas queridas crianças, compreendo que não é fácil explicar a existência do mal ou do pecado no mundo. Para vocês terem uma ideia mais clara sobre este e outros assuntos, precisam estudar a história do povo de Israel. Vamos dividir esta história em seis partes:

1ª – ABRAÃO

2ª – MOISÉS

3ª – O BEZERRO DE OURO

4ª – O MANÁ DO DESERTO

5ª – OS PROFETAS

6ª – O MESSIAS

Em cada fim de semana, uma das seis equipes, ou grupinhos de estudo, escolherá um lugar especial para apresentar seu trabalho. Começaremos pela equipe do Juarez, que nos contará a história de Abraão, "Pai da nossa fé".

II. ATIVIDADES

1ª – Para você responder e gravar para sempre:

1. Para que o homem fosse sempre feliz, que devia fazer?
2. Nossos primeiros pais deram a Deus aquela resposta de amor?
3. Como se chamou o 1º pecado que se cometeu no mundo?
4. Depois do pecado, nosso Pai do Céu abandonou o homem?
5. Deus prometeu salvar os homens. Quem seria o Salvador?

2ª – CANTO: Louvor, louvor ao Criador: Cantemos todos seu grande amor. * Para sempre Ele é fiel!

ou Canto: Senhor, perdoa o mal que pratiquei (p. 101).

III. PARA VOCÊ VIVER

Em todos os dias de minha vida. Senhor meu Deus, quero dar-vos só respostas de amor. Ajudai-me a nunca desobedecer. Ajudai-me a fazer a vossa vontade.

6. Abraão, pai de um povo

Chamando Abraão, Deus formou um povo e fez com ele uma aliança

(Gn 12–50)

I. TEXTO BÁSICO

Foi num campo verdejante que Juarez e sua equipe reuniram os colegas do 5º ano. À sombra de uma grande figueira todos se sentaram, e quem tomou a palavra foi a professora:

– Crianças, o encontro de hoje é muito importante, pois vocês escutarão o começo de uma grande história. Esta história começou com um homem fora de série que é chamado Pai da Nossa Fé. Então D. Alice passou a palavra para o relator da equipe, que se pôs a falar:

Sabemos que Deus não abandonou o homem depois do pecado. Prometeu enviar um Salvador. E...

Para cumprir sua promessa de salvar os homens. Deus escolheu e preparou um povo.

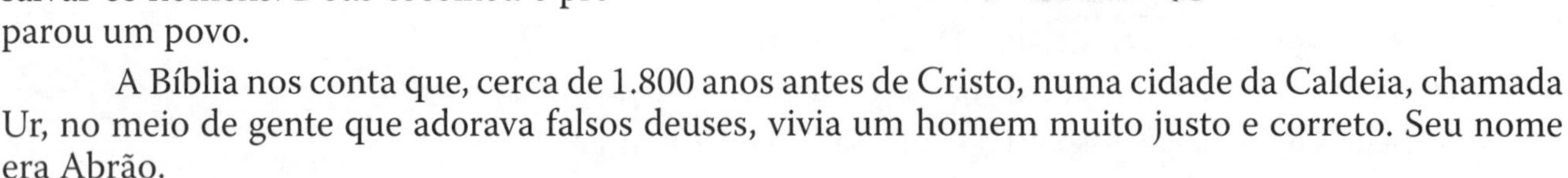

A Bíblia nos conta que, cerca de 1.800 anos antes de Cristo, numa cidade da Caldeia, chamada Ur, no meio de gente que adorava falsos deuses, vivia um homem muito justo e correto. Seu nome era Abrão.

Um dia, Deus assim falou a Abrão: *"Sai da tua terra. Deixa tua família e a casa de teu pai. Vai para a terra que eu te mostrar"* (cf. Gn 12,1-3).

Abrão partiu como o Senhor Deus lhe tinha dito, em companhia de Sara, sua esposa, e de Lot, seu sobrinho. Não sabia para onde Deus queria levá-lo, mas não discutiu, simplesmente acreditou na Palavra do Senhor (cf. Rm 4). Por causa disto, tornou-se amigo íntimo de Deus, que lhe fez muitas promessas bonitas:

"Eu sou o Deus todo-poderoso. anda em minha presença e sê perfeito. De agora em diante, não te chamarás mais Abrão, mas sim Abraão, porque eu te farei pai de um grande povo. E hoje faço uma aliança de amizade contigo e com tua descendência. Teu povo será o meu povo, e eu serei para sempre seu único Deus. Para sempre eu serei fiel a esta aliança. Tu cuidarás para que meu povo ande sempre pelos meus caminhos. Darei a ti e ao povo que sair de ti esta terra maravilhosa de Canaã, que estás ocupando agora. E em pouco tempo Sara, tua esposa, será mãe de um filho" (cf. Gn 17,3-16).

Aliança quer dizer Contrato de Amizade entre duas pessoas.

Mais uma vez, Abraão acreditou, sem duvidar das palavras do Senhor.

Pouco mais tarde, teve um filho a quem deu o nome de Isaac.

Isaac, ficando maior de idade, casou-se com Rebeca, que lhe deu dois filhos: Esaú e Jacó.

Jacó teve 12 filhos. Um deles, chamado José, foi vendido como escravo aos comerciantes do Egito. Mais tarde o faraó, rei desse país, escolheu José para ser o seu 1º ministro. Sabendo que em Canaã havia muita fome, José chamou todos os seus 11 irmãos e o seu pai Jacó, para que viessem morar no Egito (cf. Gn 37,39-50).

II. ATIVIDADES

1ª – Para você responder e fixar bem:

1. Que fez Deus para cumprir sua promessa de salvar os homens?
2. Com que palavras Deus chamou Abrão, para ser pai de um grande povo?
3. Que quer dizer Aliança?
4. Diga o que sabe a respeito de Isaac, Esaú, Jacó e José.

2ª – Preencha os quadradinhos:

a) Contrato de amizade entre duas pessoas

b) Quem fez o 1º contrato de amizade com Deus?

c) Juntos, unidos, os amigos de Deus formam o:

3ª – Para você rezar com seu catequista e seus colegas:

Catequista – Adoremos o Senhor que nos escolheu.

Todos – Aclamemos o seu santo nome.

Grupo 1 – Exaltemos seu poder e seu amor.

Todos – Falemos de suas maravilhas aos nossos amigos.

Grupo 2 – Lembremo-nos da Aliança que Deus fez com Abraão, com seu povo e com cada um de nós.

Todos – O Senhor é nosso Deus. Ele nunca quebra a Aliança.

Grupo 1 – O Senhor nos escolheu para sermos seu povo.

Todos – Como prova de amor, cumpramos a Aliança com nosso Deus (Sl 104).

4ª – CANTO: Sai da tua terra e vai onde te mostrarei (p. 101).

III. PARA VOCÊ VIVER

Pelo batismo, tornei-me alguém do Povo de Deus. Quero, pois, esforçar-me para viver a Aliança de amor que Deus fez comigo e com meus irmãos.

7. Os mandamentos do Povo de Deus

Com Moisés a aliança ficou gravada em duas tábuas de pedra

(Ex 1–24)

I. TEXTO BÁSICO

Elvira, a líder da 2ª equipe, fez questão de levar sua professora e os colegas até a casa de praia de seus pais. Era um lugar maravilhoso. Enormes pedras embelezavam a praia. As ondas do mar se debatiam furiosas, formando nuvens de espuma branca. Em cima de uma grande pedra, três alunos da equipe começaram a apresentar sua história. Toda a turma, sentada sobre a areia da praia, prestava muita atenção:

Jacó, que também recebeu o nome de Israel, deixou a terra de Canaã. Convidado por José, que era o 1º ministro do faraó, Jacó passou a morar no Egito com seus filhos (cf. Gn 46). Passaram-se 400 anos – Os filhos de Jacó, multiplicando-se, tornaram-se numerosos. Então reinou no Egito um faraó que nada mais sabia de José.

Vendo que o povo de Israel se multiplicava sempre mais, este faraó chamou seus secretários e assim falou: *"A partir de hoje, todos os israelitas serão nossos escravos".*

"Deverão fazer os trabalhos mais pesados nas construções de casas, estradas, muros e pontes. E todos os meninos que nascerem deste povo deverão ser lançados ao rio" (cf. Ex 1,8-22).

Mas um menino foi salvo. A princesa encontrou-o nas águas do Rio Nilo, dentro de uma cestinha. Era uma criança muito linda que recebeu o nome de Moisés. A princesa fez deste menino o seu filho adotivo, que recebeu educação no palácio do faraó. Mais tarde, Moisés descobriu que era israelita e, vendo as injustiças que seu povo sofria, ficou indignado. Fugiu para o deserto, onde percebeu que Deus lhe falava ao coração:

"Meu povo sofre muito no Egito. Quero tirá-lo de lá. Tu farás isso por mim. Não tenhas medo. Vai, eu estarei sempre contigo" (cf. Ex 3,7-10).

Moisés teve que lutar e sofrer muito, mas conseguiu livrar seus irmãos da escravidão do Egito. Caminhando pelo deserto em direção à Terra Prometida, o povo chegou aos pés de uma grande montanha. Era o Monte Sinai, onde mais uma vez Moisés ouviu a voz de Deus:

"Quero confirmar convosco a corrente de amizade que comecei com Abraão. Se ouvirdes a minha voz e guardardes a minha aliança, eu serei o vosso Deus, e vós sereis o meu povo" (cf. Ex 19,3-6).

E Moisés desceu o Monte Sinai com os 10 Mandamentos da Lei de Deus gravados em duas tábuas de pedra.

Os 10 Mandamentos da Lei de Deus são 10 avisos ou normas que nos mostram a vontade de Deus.

Os 10 Mandamentos da Lei de Deus são:

1º – **AMAR A DEUS SOBRE TODAS AS COISAS.**

2º – **NÃO TOMAR SEU SANTO NOME EM VÃO** (Respeitar o nome de Deus, porque Ele é santo).

3º – **GUARDAR DOMINGOS E FESTAS DE GUARDA** (Adorar, agradecer e louvar a Deus, guardando o dia do Senhor).

4º – **HONRAR PAI E MÃE** (Amar, respeitar e obedecer aos pais, superiores e autoridades).

5º – **NÃO MATAR** (Respeitar, proteger e promover a vida dos outros e a nossa própria vida).

6º – **NÃO PECAR CONTRA A CASTIDADE** (Guardar a pureza de coração nos pensamentos, palavras e ações).

7º – **NÃO ROUBAR** (Respeitar e promover o bem-estar material do próximo).

8º – **NÃO LEVANTAR FALSO TESTEMUNHO** (Ser sincero, verdadeiro, leal e fiel),

9º – **NÃO DESEJAR A MULHER DO PRÓXIMO** (Alimentar sempre pensamentos e desejos puros).

10º – **NÃO COBIÇAR AS COISAS ALHEIAS** (Vencer o egoísmo, ser justo e repartir os próprios bens com os outros).

II. ATIVIDADES

1ª – Para você responder e nunca esquecer:

1. Vendo que o Povo de Israel se multiplicava sempre mais, que fez o faraó que nada mais sabia de José?
2. Moisés no deserto percebeu que Deus lhe falava. Quais foram as palavras de Deus?
3. Que são os Mandamentos da lei de Deus?
4. Quais são os Mandamentos da Lei de Deus?

2ª – Para você ler e meditar:

Os 3 primeiros mandamentos nos mostram as obrigações que temos para com Deus, nosso Pai. Os 7 últimos nos falam de nossos deveres para com o próximo.

O Filho de Deus, quando veio a este mundo, resumiu toda a Lei em dois mandamentos:

1º – Amar a Deus sobre todas as coisas.

2º – Amar ao próximo como a si mesmo (cf. Mt 22,37-40).

3ª – CANTO: O que é que Jesus espera de nós? (p. 101).

III. PARA VOCÊ VIVER

Quero sempre observar com amor os 10 Mandamentos da Lei de Deus, pois eles nos ajudam a fazer a felicidade dos outros e a nossa própria felicidade. Eles nos conservam na Aliança com Deus.

8. Infidelidade do povo

Nem sempre o povo de Israel guardou fidelidade à aliança

(Ex 32–34)

I. TEXTO BÁSICO

Era um fim de semana frio e chuvoso. A 3ª equipe tinha pensado em levar os colegas para um campo de futebol, mas não foi possível. Foi então que Geraldo, o aluno responsável pela equipe, pediu que todos observassem 3 pontos:

1º – Que permanecessem em seus lugares na sala de aula;

2º – Que não se preocupassem com a chuva que batia fortemente contra os vidros das janelas.

3º – Que prestassem muita atenção às palavras de Rosa e Janete, que falariam em nome da equipe.

E Janete já estava preparada para começar mais uma história.

Moisés subiu novamente o Monte Sinai, para rezar ou falar com Deus.

Vendo que Moisés demorava muito na montanha, os israelitas procuraram o Sacerdote Aarão e assim falaram: *"Queremos um Deus igual aos deuses das outras nações. Um Deus que possamos ver e que caminhe diante de nós"* (cf. Ex 32,1).

O Sacerdote Aarão, diante do pedido do povo, fabricou um bezerro de ouro e o colocou sobre um altar. Diante deste ídolo, todo o povo se pôs a dançar e a cantar, dizendo: *"Ó Israel, eis o Deus que te livrou do Egito"* (cf. Ex 32,4).

No alto da montanha Moisés percebeu como Deus lhe falava ao coração: *"Vai, desce a montanha, porque o povo se esqueceu de meus mandamentos. Cometeu um grande pecado, rompendo a aliança"* (cf. Ex 32,7-10). Ouvindo estas palavras, Moisés ficou muito angustiado.

A súplica de Moisés foi esta: *"Senhor, tende piedade. Perdoai o pecado de vosso povo. Misericórdia, Senhor"* (cf. Ex 32,11-13).

Quando Moisés chegou ao acampamento e viu a multidão, gritando e dançando ao redor do bezerro de ouro, quebrou as duas tábuas dos Mandamentos da Lei e destruiu o falso deus.

E Moisés mais uma vez dirigiu sua prece a Deus: *"Senhor, somos um povo de cabeça dura, mas estamos arrependidos do mal que praticamos. Perdoai todos os nossos pecados e aceitai-nos novamente como vosso povo"* (cf. Ex 32,32).

Diante da oração de Moisés e da boa vontade de todos, Deus novamente firmou com seu povo a Aliança que o pecado tinha destruído. Sobre cada um Deus estendeu sua bondade, sua misercórdia e seu perdão.

II. ATIVIDADES

1ª – Para você responder e guardar para sempre:

1. Para que Moisés subiu novamente o Monte Sinai?
2. Vendo que Moisés demorava, que disseram os israelitas a Aarão?
3. Que fez o Sacerdote Aarão diante do pedido do povo?
4. Que percebeu Moisés no alto da montanha?
5. Qual foi a súplica de Moisés?
6. Que fez Deus diante da oração de Moisés e da boa vontade do povo?

2ª – Para você ler e copiar no seu caderno de atividades:

Deus nos criou totalmente livres. Podemos dar a Deus uma resposta de amor ou uma resposta de ódio. Depende de nós (cf. Dt 30,19).

Também Israel, como povo, tinha esta liberdade. Muitas vezes caiu na tentação de responder a Deus com um ingrato **não**, desprezando a Aliança.

Nestas ocasiões sempre se fazia ouvir a voz dos profetas, para lembrar a **fidelidade de Deus e a infidelidade do povo** (cf. Is 58,1-14).

3ª – CANTO: O povo pecou, quebrando a Aliança (p. 101).

III. PARA VOCÊ VIVER

À noite, antes de deitar, quero fazer uma oração assim:

Senhor, ajudai-me a guardar sempre a vossa amizade. Livrai-me do pecado que rompe a minha aliança convosco, meu bom Deus.

9. O cordeiro pascal e o maná do deserto

Deus liberta e alimenta seu povo

(Ex 12,1-28; 16,9-36)

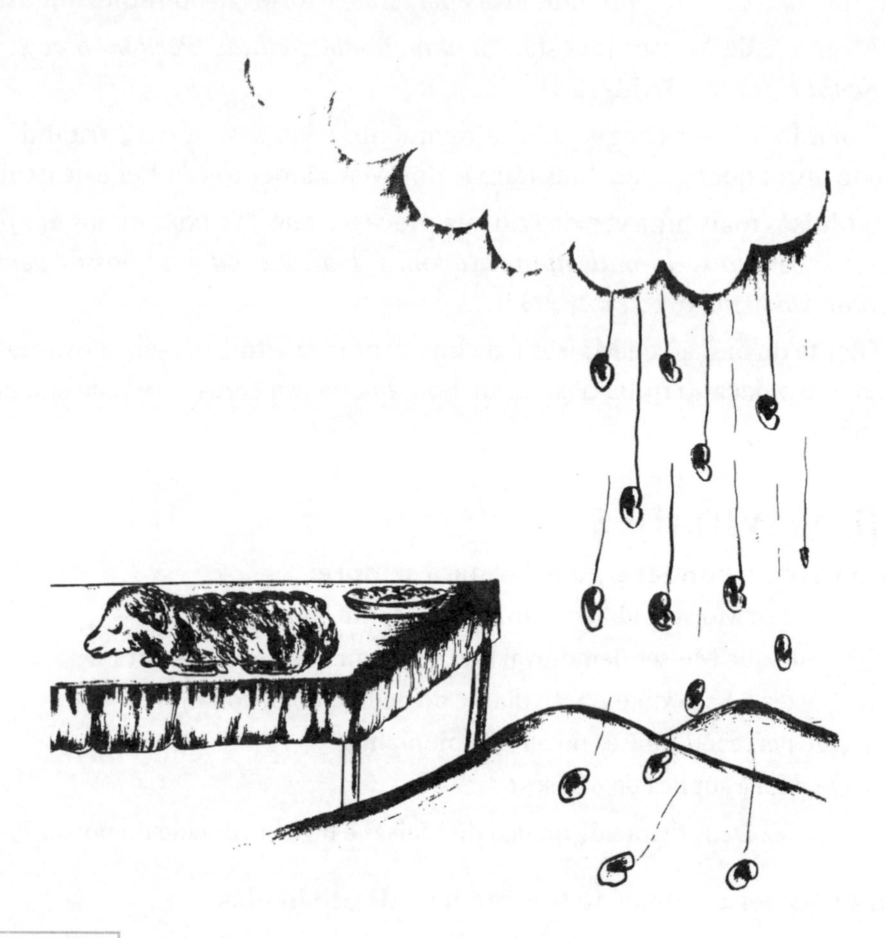

I. TEXTO BÁSICO

A 4ª equipe convidou a turma para uma caminhada num lugar onde havia muita areia, bem poucas árvores e nenhum sinal de água. Um aluno exclamou:

– Isto aqui parece um deserto!

D. Alice aproveitou a ocasião para explicar o que quer dizer deserto. Um lugar onde quase só se vê areia e mais areia. Disse que no Brasil nós não temos nenhum deserto, mas em certos lugares do mundo pode-se caminhar dias e meses atravessando as areias do deserto.

O povo de Israel também conheceu a dureza do deserto. Vamos deixar que a equipe apresente esta parte da história: Cinco alunos, mostrando um grande mapa, começaram a falar para os colegas que já estavam sentados sobre as areias daquele lugar.

Como já sabemos, fazia 400 anos que os israelitas habitavam o Egito. Era um grande povo que vivia na escravidão, condenado a fazer os trabalhos mais pesados.

Moisés recebeu de Deus a missão de libertar o povo de Israel. Mas, a novidade da história vem agora:

Antes da saída do Egito cada família devia imolar um cordeiro.

Com outras palavras: cada família devia oferecer em sacrifício um cordeiro e comê-lo. Para esta refeição, havia um rito ou uma cerimônia especial: todos deviam ficar de pé, com suas sacolas nas costas, prontos para a viagem. O sangue do cordeiro servia para marcar as casas dos israelitas, que o Anjo do Senhor devia proteger contra qualquer desgraça (cf. Ex 12,5-11).

E foi assim que uma imensa multidão de homens, mulheres e crianças, depois de oferecer a Deus o Cordeiro Pascal, ficou livre da escravidão. Este povo atravessou o Mar Vermelho e renovou a Aliança com Deus no Monte Sinai. Em seguida, marchou em direção à Terra Prometida. Foi a 1ª Páscoa dos israelitas. E sabemos:

Páscoa quer dizer passagem do Senhor que liberta o seu povo.

Antes de chegar à Terra Prometida, o Povo de Deus atravessou um grande deserto.

Em várias ocasiões faltou alimento para os israelitas no deserto, mas Moisés ouviu a voz de Deus em seu coração: *"Vou fazer descer pão do céu para todos comerem e se fartarem"* (cf. Ex 16,12).

Na manhã seguinte, havia sobre a areia do deserto uma coisa miúda, fina e branca, muito parecida com a geada. Diante desta maravilha o povo de Israel perguntou: *"Que é isto"?* (cf. Ex 16,15).

Moisés respondeu: *"É o pão que Deus vos preparou. Podeis comer à vontade. Só não vos preocupeis com o dia de amanhã, pois Deus cuidará"* (cf. Ex 16,15).

Este pão tinha um sabor de torta de mel, e passou a chamar-se **maná**.

Durante os longos anos da travessia do deserto, o maná nunca faltou para o Povo de Deus, até sua entrada na Terra Prometida ou Canaã.

II. ATIVIDADES

1ª – Para você responder e fixar bem:

1. Qual foi a missão que Moisés recebeu de Deus?
2. Antes da saída do Egito, que devia fazer cada família?
3. Que quer dizer Páscoa?
4. Em várias ocasiões faltou alimento para os israelitas no deserto. Que ouviu Moisés em seu coração?
5. Quando os Israelitas perguntaram: que é isto? Como respondeu Moisés?

2ª – CANTO: Esta comida dá força e vida (p. 101).

III. PARA VOCÊ VIVER

Como é grande a bondade de Deus que não só nos perdoa, mas também cuida do nosso alimento de cada dia! Quero lembrar-me disto sempre que rezar o Pai-nosso.

10. Pessoas importantes

Os juízes, os reis e os profetas

(1-2Sm; 1-2Rs; 1-2Cr; Profetas)

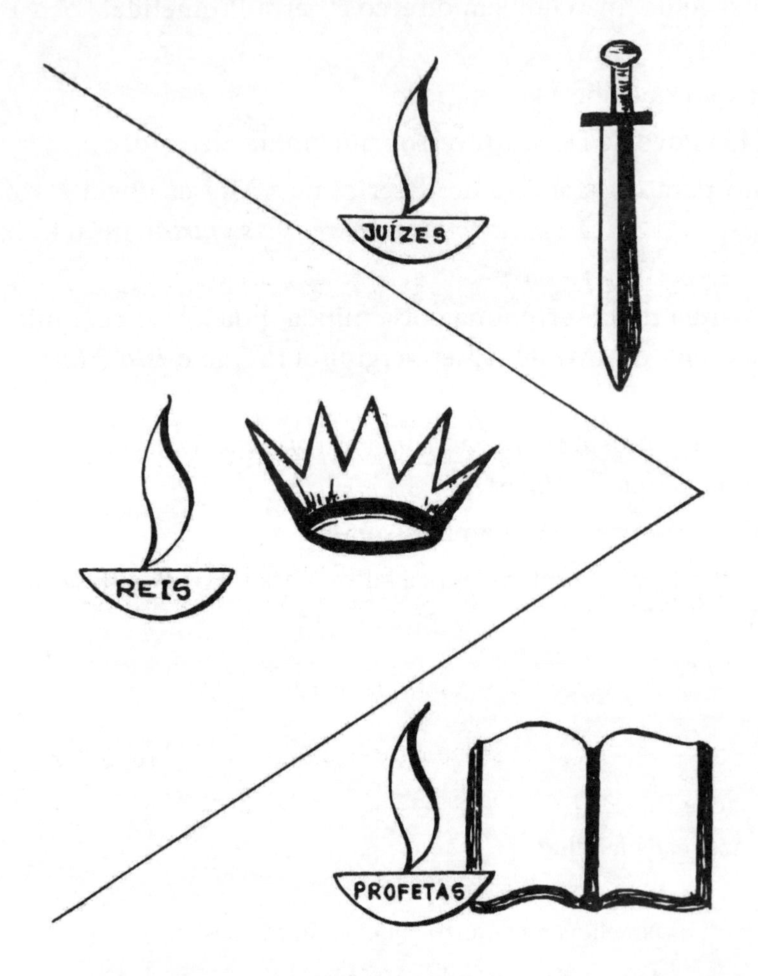

I. TEXTO BÁSICO

Havia certa confusão na sala de aula: A líder da 5ª equipe estava faltando. Que teria acontecido? Os outros alunos do pequeno grupo estavam aflitos, pois, sem Maria da Graça, seria impossível apresentar bem o trabalho.

Entrando na sala, D. Alice pediu que todos ocupassem seus lugares e assim falou: – Eu compreendo. Vocês estão todos ansiosos para ouvir a história dos profetas de Israel. A equipe apresentará seu trabalho num outro dia. Mas, para vocês entenderem bem a história dos profetas, vou contar alguma coisa a respeito dos juízes e reis na história do Povo de Deus:

Moisés guiou os israelitas através do deserto, mas morreu antes de entrar na Terra Prometida ou Palestina.

O lugar de Moisés foi ocupado por Josué.

Este chefe teve que lutar muito até vencer os inimigos, que ocupavam a terra. Depois da vitória, Josué dividiu a terra em doze partes, uma para cada tribo de Israel.

Depois de Josué, o povo judeu foi governado por chefes chamados juízes: Sansão, Gedeão, Jefté, Samuel e outros.

Foi um tempo de muitas lutas com os povos vizinhos. No governo de Samuel o povo mostrou-se descontente e pediu um rei.

O primeiro rei de Israel foi Saul.

O reinado de Saul foi um fracasso.

Depois de Saul reinou Davi, que era valente, piedoso, inteligente e muito amado por Deus e por seu povo.

Davi conquistou a cidade de Jerusalém e fez dela a capital do seu reino. Escreveu uma série de lindas orações, hinos religiosos, chamados Salmos.

Por ocasião do culto ou festas religiosas, Davi tocava a harpa diante do povo, cantando e louvando a Deus.

Depois de Davi quem reinou em Israel foi seu filho Salomão. Este rei construiu o grandioso Templo de Jerusalém, que foi sempre o centro da vida religiosa do povo israelita.

Quase todos os reis, que vieram depois de Salomão, foram fracos, covardes e sem caráter. Mais de uma vez provocaram a infidelidade do povo às obrigações da Aliança feita com Deus.

Sempre que o povo deixava de praticar os mandamentos da Lei, apareciam os profetas, para lembrar a fidelidade de Deus.

Os profetas eram homens fora de série, animados pela força do Espírito Santo (cf. Mq 3,8).

Alguns deles se tornaram muito importantes: **Isaías, Jeremias, Ezequiel, Daniel, Oseias, Amós** e outros.

Os profetas sabiam que Israel, como povo, muitas vezes caía na tentação de responder a Deus com um ingrato **não**. Então estes homens de Deus falavam com grande força:

"Buscai o Senhor e vivereis. Detestai o mal, praticai o bem, fazei reinar a justiça em vosso meio. Então o Senhor terá compaixão de vós" (cf. Am 5,6-15).

II. ATIVIDADES

1ª – Para você responder e guardar para a vida:

1. Moisés morreu antes de entrar na Terra Prometida. Quem ocupou o lugar dele?
2. Quem governou o povo judeu depois de Josué?
3. Quem foi o 1º rei de Israel?
4. Quem reinou em Israel depois de Saul?
5. Que sabe você a respeito dos profetas?

2ª – Coloque estes acontecimentos em ordem, começando pelo 1º

Ex.: (1) Deus chamou Abraão para ser..... (2)...

( ) – Moisés libertou o povo judeu da escravidão do Egito.
( ) – Salomão foi o rei que construiu o grande Templo de Jerusalém.
( ) – Deus chamou Abraão para ser pai de um grande povo.
( ) – Isaac casou-se com Rebeca e teve dois filhos: Isaú e Jacó.
( ) – O faraó do Egito escolheu José para ser seu 1º Ministro.
( ) – Davi foi o Rei que escreveu lindas orações: Os **SALMOS**.

3ª – CANTO: Quando o Espírito de Deus se move em mim (p. 101)

III. PARA VOCÊ VIVER

Como os profetas, os juízes e os bons reis, quero esforçar-me, a fim de ser um bom líder na minha classe. Assim, mais tarde, serei uma pessoa de valor na minha comunidade.

11. O Messias

Salvador prometido, anunciado e esperado

(Is 7; 9–11; Lc 1–3)

I. TEXTO BÁSICO

Era uma linda manhã de primavera. A equipe n. 6 convidou a professora e os colegas para uma saída. Todos entraram num grande jardim, onde havia muitas árvores, arbustos, trepadeiras e principalmente grande variedade de flores: rosas, margaridas, cravos, palmas e orquídeas perfumavam o ambiente. Os passarinhos, pulando de galho em galho, pareciam saudar a criançada com seus lindos cantos. A um sinal de D. Alice todos se sentaram no gramado, prontos a ouvirem mais uma história bonita:

Os israelitas viveram uma longa história... Com Davi e Salomão tiveram um tempo de muito progresso, mas depois tudo começou indo de mal a pior; os reis não tiveram jeito para governar o povo. O reino de Israel acabou se dividindo, e seus habitantes foram vencidos na guerra e levados como escravos para o estrangeiro.

O que impressiona mesmo é que:

Israel, apesar das derrotas, perseguições e todo o tipo de sofrimentos, continuou existindo como povo.

Mesmo sem cidades, sem casas e sem templo, Israel sabia que era o povo escolhido, o povo da Aliança, o Povo de Deus.

O que mantinha unido o povo de Israel?

O que mantinha unido o povo de Israel era:

1º – A fé no Deus único e verdadeiro,

2º – A esperança na vinda do Salvador prometido e

3º – A Palavra de Deus, conservada na Bíblia, que alimentava esta fé e esta esperança do Povo de Deus.

A esperança do povo escolhido era sempre animada pelos profetas, que anunciavam a vinda do Salvador prometido: o **Messias**.

Iluminados pelo Espírito Santo, os profetas prediziam onde o Messias haveria de nascer e quem seria sua mãe.

Diziam também que o Messias faria muitos milagres, que haveria de sofrer muito e entregar sua vida para a salvação de todos. Os profetas também falavam da glorificação do Messias, que seria Jesus Cristo.

Isaías foi o profeta que melhor representou a esperança do povo na vinda do Salvador prometido.

Este Profeta não cessava de exclamar:

"Derramai, ó céus, o vosso orvalho, nuvens chovei o justo. Abra-se a terra e brote o salvador" (Is 45,8).

Como sabemos, desde o começo, Deus preparou um povo para receber o Messias. E dentro deste povo escolheu a criatura mais maravilhosa, mais perfeita, mais santa, para ser a Mãe do Salvador: **A Virgem Maria**.

Se o pecado original, como vimos, atingiu todos os homens, Maria foi preservada dele, nasceu pura e imaculada, por graça de Deus.

E, certo dia, quando ela estava rezando, na sua casinha de Nazaré, apareceu um anjo que, depois de saudá-la, disse: *"Maria, tu és querida por Deus. Foste escolhida para ser a mãe do Messias".*

Maria perguntou: *"Como acontecera isto"?* o anjo respondeu: *"O Espírito Santo descerá sobre ti, Maria, e o menino que nascer de ti será chamado filho de Deus".*

Maria inclinou-se e respondeu: *"Sim, faça-se em mim a vontade de Deus. Eis aqui a serva do Senhor".* A Virgem respondeu **sim**, porque a alegria dela sempre foi: *"Fazer a vontade do Pai do céu"* (cf. Lc 1,26-38).

São João Batista foi o último profeta que veio preparar o povo, para acolher o Messias. Rezando muito e fazendo penitência, exclamava diante de todos: *"Preparai o caminho do Senhor"* (cf. Lc 3,4).

II. ATIVIDADES

1ª – Para você responder e guardar bem:

1. Israel deixou de existir, apesar das derrotas, das perseguições e sofrimentos?
2. Que mantinha unido o Povo de Israel?
3. Quem foi Isaías?
4. Que respondeu Maria ao anjo, quando este lhe anunciou que ela iria ser a mãe do Messias?
5. Quem foi São João Batista?

2ª – CANTO: O Senhor vem bater à nossa porta (p. 101).

III. PARA VOCÊ VIVER

Quero pedir a Deus que me ajude a dizer sempre sim à sua vontade, como fez Nossa Senhora. Deste modo estarei também eu preparado para receber Jesus Cristo na Eucaristia.

12. Nascimento e vida oculta de Jesus Cristo

(Lc 2,1-52; Mt 2,1-23)

I. TEXTO BÁSICO

Foi numa noite fria, muito fria que, em Belém de Judá, nasceu um lindo menino. Veio ao mundo tão pobrezinho, que nem sequer teve um berço para nascer. Sua mãe deitou o menino na manjedoura de uma estrebaria.

Os moradores de Belém nem ficaram sabendo que esta criança era o **Messias prometido, anunciado e esperado**, durante séculos e séculos.

Só Maria, a mãe do Messias, e José, seu esposo, sabiam que aquela criança era o próprio Jesus Cristo.

Mas quem é Jesus Cristo?

– Jesus Cristo é o filho de Deus feito homem para nos salvar.

Onde e quando nasceu Jesus Cristo?

– Jesus Cristo nasceu na cidade de Belém, no dia de Natal.

Todos os anos, no dia de Natal, nós ficamos contentes e fazemos festa, porque celebramos o aniversário de Jesus.

Neste dia, nós damos e ganhamos presentes, para lembrar o grande presente que o Pai do Céu nos deu, enviando ao mundo seu próprio Filho (cf. Jo 3,16). Também vamos à missa da meia-noite, que é a missa especial para festejar o nascimento do nosso Salvador.

De fato, o nome Jesus, que o menino recebeu no 8º dia, significa Deus Salvador. Quarenta dias depois, Jesus foi apresentado no Templo de Jerusalém por seus pais (cf. Lc 2,21-24).

Mais tarde, Jesus recebeu a visita de homens ricos e sábios, chamados magos. Vieram de muito longe. Viajaram dias e meses, guiados por uma estrela.

Os reis magos trouxeram três grandes presentes ao Menino Jesus: ouro, incenso e mirra (cf. Mt 2,9-11).

Mas em Jerusalém vivia um rei que era muito mau, chamado Herodes. Ele queria matar o Menino Jesus, porque ouvira dizer que esta criança mais tarde se tornaria rei. E Herodes ficou com medo de que Jesus, quando ficasse grande, lhe tirasse o trono.

Certa noite, em sonho, um anjo contou tudo a José. Levando consigo o Menino e sua mãe, José fugiu para o Egito (cf. Mt 2,13-15).

Morrendo Herodes, a Sagrada Família deixou o Egito e voltou para Nazaré.

Quando completou 12 anos, Jesus foi pela primeira vez com seus pais à capital, que era Jerusalém. Entrou no Templo e sentou-se entre os Doutores da Lei. Todos ficaram encantados com as explicações inteligentes de Jesus. Jesus, de fato, explicou com grande sabedoria a Palavra de Deus que está na Bíblia.

Maria e José não sabiam que Jesus tinha ficado em Jerusalém. Procuraram aflitos nas casas dos parentes e conhecidos. Passados três dias, encontraram o Menino Jesus no templo.

Vendo a preocupação de sua mãe e de seu pai adotivo, Jesus assim falou:

"Não sabíeis que devo ocupar-me com as coisas do meu Pai"? (cf. Lc 2,49).

Depois disto, Jesus voltou com seus pais para a sua cidade, sendo sempre um filho muito obediente.

Na sua casa, em Nazaré, *Jesus crescia em idade, sabedoria e graça, diante de Deus e diante dos homens* (cf. Lc 2,51-52).

II. ATIVIDADES

1ª – Para você responder e saber de cor:

1. Quem é Jesus Cristo?
2. Onde e quando nasceu Jesus Cristo?
3. Que trouxeram os reis magos ao Menino Jesus?
4. Vendo a preocupação de sua mãe e de seu pai adotivo, que falou Jesus?
5. Que aconteceu com Jesus na sua casa, em Nazaré?

2ª – Quando Jesus foi levado ao templo, um homem justo e piedoso, chamado Simeão, tomou o Menino nos braços e exclamou: *"Agora, Senhor, deixa teu servo morrer em paz, pois meus olhos viram a tua salvação"* (Lc 2,22-40). Leia este texto com seus pais e faça um resumo no seu caderno.

3ª – CANTO: Noite Feliz (p. 101).

III. PARA VOCÊ VIVER

Jesus, gostaria tanto de ser aplicado e obediente como você. Ajude-me, pois também quero crescer em sabedoria e graça diante de Deus e dos homens, como você.

13. Pregação e milagres de Jesus Cristo

(Mt 4,12-25)

I. TEXTO BÁSICO

Nas primeiras encostas dos montes da Galileia situa-se uma pequena vila de nome Nazaré. Numa de suas modestas casas morava a **Sagrada Família**: Jesus, Maria e José. Este ambiente familiar era marcado por um clima de harmonia, simplicidade e principalmente muito amor.

Jesus vivia muito feliz em sua família. Ajudava seu pai na oficina, e sua mãe, nos trabalhos da casa. Foi principalmente como carpinteiro que Jesus, todos os dias, arregaçava suas mangas e trabalhava, para ganhar o pão com o suor de seu rosto.

Depois da morte de São José, Jesus despediu-se de sua querida mãe. Ele já tinha completado 30 anos. Então começou sua grande missão:

Revelar ao mundo inteiro o amor de Deus, seu Pai.

Isto Jesus fez pela pregação da Palavra e sobretudo pela bondade com que tratava todo o mundo: grandes e pequenos, ricos e pobres, sábios e ignorantes. Especial carinho Jesus sempre dispensava aos pequenos, aos pobres, aos pecadores e aos doentes.

Percebendo o grande amor com que Jesus fazia todas as coisas, muitas pessoas quiseram seguir os seus passos. Aproximaram-se de Jesus e perguntaram:

"Mestre, onde moras"? Jesus respondeu: *"Vinde e vede"* (cf. Jo 1,37-39). Assim muitas pessoas fizeram amizade com Jesus.

Dentre estas pessoas, Jesus escolheu doze amigos, para viverem mais perto dele. Com estes doze, Jesus formou uma equipe ou uma comunidade de amigos. Nesta equipe, todos levavam uma vida em comum, rezando, ensinando, trabalhando...

Os doze amigos de Jesus receberam o nome de apóstolos.

Apóstolo quer dizer Enviado por Deus para comunicar o Evangelho. E **Evangelho** quer dizer a boa notícia de Jesus.

Os apóstolos gostavam muito de Jesus e faziam o bem a todos.

Jesus Cristo, querendo ajudar a todos, fez muitos milagres: curou leprosos, deu vista aos cegos, fez falar os mudos, fez andar os paralíticos. Era só Jesus dar uma ordem, que até as águas do mar e os ventos obedeciam (cf. Mc 4,35-41). Jesus até ressuscitou pessoas que haviam morrido (cf. Lc 7,11-17).

A Bíblia nos conta que, um dia, Jesus, sua mãe e os apóstolos foram convidados para um casamento, em Caná da Galileia. A festa estava linda, todos se alegravam muito. Mas, de repente, que foi que aconteceu? – Acabou-se a bebida e ninguém tinha mais vinho para vender.

A Mãe de Jesus, vendo a aflição dos noivos, falou a seu filho: *"Jesus, o vinho terminou".* Em seguida, voltou-se para os empregados e assim continuou: *"Fazei tudo o que meu filho mandar".*

De fato, Jesus mandou que enchessem de água seis potes, ordenando que todos provassem desta água abençoada. Que maravilha! Que milagre! Aquela água já não era mais água. Aquela água tinha-se transformado em vinho.

Todos se alegraram ainda mais. Todos amaram muito a Jesus que, para tirar os noivos da dificuldade, fez o seu 1º milagre (cf. Jo 2,1-11). Sim...

O primeiro milagre que Jesus fez foi a transformação da água em vinho, em Caná da Galileia.

II. ATIVIDADES

1ª – Para você responder e fixar bem:

1. Como é que Jesus vivia em sua família?
2. Que fez Jesus depois da morte de São José?
3. Que quer dizer apóstolo?
4. Querendo ajudar a todos, que fez Jesus Cristo?
5. Qual foi o primeiro milagre que Jesus fez?

2ª – Antes de começar sua vida pública, Jesus foi para o deserto. Lá aproximou-se dele o demônio, para tentá-lo. Leia este trecho em Mt 4,1-11. Em seguida, passe a limpo no seu caderno o trechinho de que você mais gostou.

3ª – CANTO: Um dia uma criança me parou (p. 102).

III. PARA VOCÊ VIVER

Jesus, eu quero ser seu amigo. Eu acredito que você pode fazer tudo o que quiser. Faça de mim um apóstolo da sua Boa Notícia. Que eu também **revele ao mundo o amor do Pai do Céu**.

14. Jesus Cristo nos fala do Pai e do Espírito Santo

(Mt 28,16-20; Jo 14,23-26)

I. TEXTO BÁSICO

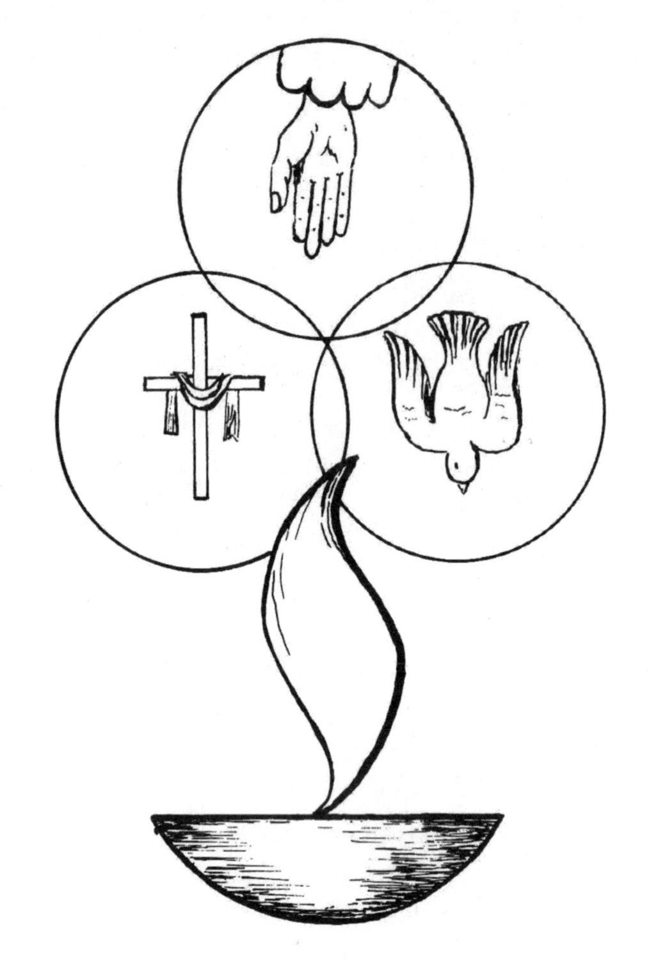

Era uma tarde ensolarada de verão. As ondas do mar, uma após outra, vinham beijar as areias da praia. Um vento, soprando do norte, sacudia as folhas das palmeiras que se erguiam ali perto. Um bispo, muito concentrado em seus pensamentos, ia e vinha ao longo da praia.

De repente, parou e ficou olhando: Uma criança carregava a água do mar para um buraquinho que havia cavado na areia. – Que estás fazendo?, perguntou o bispo. – Quero colocar toda a água do mar dentro deste buraquinho, respondeu a criança. – Mas, menino, não vês que isso é impossível? – Pois bem, Agostinho, respondeu a criança: – Muito mais difícil é você colocar em sua cabeça o grandioso mistério da **Santíssima Trindade**. Dito isto, o menino desapareceu.

Quantas e quantas vezes nós fazemos o sinal da cruz, dizendo: Em nome do Pai, do Filho e do Espírito Santo.

Fazendo com fé e devoção o sinal da cruz, nós saudamos as três pessoas da **Santíssima Trindade**: o Pai, o Filho e o Espírito Santo.

O primeiro nome que dizemos, quando fazemos o sinal da cruz, é: Pai. Nós já conhecemos Deus Pai. Vamos recordar o que Ele fez: criou o mundo com tudo o que existe: animais, pássaros, peixes, plantas, flores e frutos. Criou também os homens, a fim de que fossem seus filhos amados e felizes para sempre.

O segundo nome que dizemos, quando fazemos o sinal da cruz, é: Filho. Deus Filho é Jesus Cristo. Ele veio a este mundo para nos salvar. Em tudo, Ele foi igual a nós, menos no pecado. Jesus sofreu muito e morreu, mas ressuscitou glorioso, voltando para a glória do Pai. Jesus mostrou-nos o caminho do céu, ensinando-nos a dizer sempre **sim** ao Pai. Prometeu-nos mandar o Espírito Santo, para ser nossa força e nossa luz.

O terceiro nome que dizemos, quando fazemos o sinal da cruz, é: Espírito Santo. Na **Santíssima Trindade**, o Espírito Santo é o amor entre o Pai e o Filho. O Espírito Santo vive em nós, para sermos mais santos. Por isto mesmo, Ele é chamado o Santificador. Ele nos dá ânimo e coragem para praticarmos sempre o bem.

Como vemos, o Pai, o Filho e o Espírito Santo são três pessoas que formam uma família de amor.

O **Mistério da Santíssima Trindade é o maior mistério da nossa fé**. É o mistério de um só Deus em três pessoas: Pai, Filho e Espírito Santo.

Mas, que é um mistério?

Mistério é uma coisa tão bela, tão grande e tão profunda, que só Deus nos pode revelar. Enquanto estamos neste mundo, por mais inteligentes e sábios que formos, não conseguiremos compreender toda a grandeza de um mistério.

Foi o próprio Jesus Cristo quem nos revelou o mistério da **Santíssima Trindade**. Jesus disse também que as três pessoas nos amam e querem morar dentro de nós:

"Se alguém me ama, guardará minha palavra, meu Pai o amará e nós viremos a ele e nele faremos nossa habitação" (Jo 14,23).

E de nossa parte deveríamos glorificar continuamente a **Santíssima Trindade**, presente em nós desde o batismo. Pois...

Nós fomos batizados em Nome do Pai e do Filho e do Espírito Santo.

II. ATIVIDADES

1ª – Para você responder e nunca esquecer:

1. A quem saudamos nós com o sinal da cruz?
2. Que é o Mistério da Santíssima Trindade?
3. Que é mistério?
4. Quem nos revelou o Mistério da **Santíssima Trindade**?
5. Em nome de quem nós fomos batizados?

2ª – Com a ajuda de seus pais leia o capítulo 14 do Evangelho de São João. Depois copie no seu caderno dois versículos: Um que fala do Pai e outro que fala do Espírito Santo (cf. Jo 14,8-9.15-16).

3ª – Numere a segunda coluna de acordo com a primeira:

(1) Deus Pai	( ) Santificador
(2) Deus Filho	( ) Criador
(3) Deus Espírito Santo	( ) Salvador

4ª – CANTO: Aleluia, aleluia, aleluia (p. 102).

III. PARA VOCÊ VIVER

Cada dia, ao levantar-me, quero saudar a Santíssima Trindade que mora dentro de mim, rezando: *Glória ao Pai, ao Filho e ao Espírito Santo, como era no princípio agora e sempre.* Amém.

15. Jesus Cristo nos ensina a rezar

(Lc 11,1-13; Mt 6,5-15)

I. TEXTO BÁSICO

Era uma noite de outono. A lua e as estrelas iluminavam o céu imenso. Um homem subia as encostas de uma montanha, enquanto seus amigos, os apóstolos, comentavam: – Mais uma vez, nosso querido Mestre Jesus, animado pelo Espírito Santo, subiu a montanha para encontrar-se com Deus Pai e falar com Ele pela oração.

Passadas algumas horas, quando Jesus desceu da montanha, os apóstolos aproximaram-se dele e pediram: *"Mestre, ensina-nos a rezar"* (cf. Lc 11,1).

Então Jesus ensinou-lhes a mais linda oração, que ainda hoje nós rezamos. A oração que Jesus nos ensinou foi o Pai-nosso:

"Pai nosso, que estais no céu,/ santificado seja o vosso nome,/ venha a nós o vosso reino,/ seja feita a vossa vontade/ assim na terra como no céu.

O pão nosso de cada dia nos dai hoje,/ perdoai as nossas ofensas/ assim como nós perdoamos a quem nos tem ofendido,/ e não nos deixeis cair em tentação,/ mas livrai-nos do mal". Amém (cf. Mt 6,9-14).

Mas, o que é rezar?

Rezar é falar com Deus, nosso Pai do Céu.

A nossa oração deve ser simples e brotar de um coração cheio de fé, esperança e amor.

Quando Jesus falava ao povo, gostava de contar histórias para explicar melhor a sua doutrina. Estas histórias se chamam **parábolas**.

Um dia Jesus contou esta parábola: Dois homens procuraram uma igreja para rezar. Um era fariseu e o outro era publicano.

O fariseu, de pé, no primeiro banco, para que todos o observassem, fez esta oração em voz alta: – Ó Deus, eu te agradeço por não ser tão desonesto como os outros homens. Dou esmolas para os pobres e ajudo muita gente.

Enquanto isso, o publicano, ajoelhado num cantinho da igreja, batia no peito, dizendo: – Senhor, meu Deus, tende piedade de mim, que sou grande pecador.

Observemos atentamente: O publicano fez uma bela oração que brotou do seu íntimo. Rezou com humildade, pedindo perdão dos seus pecados. Deus gostou da oração do publicano.

Por outro lado, o fariseu, cheio de orgulho, fez uma oração que não agradou a Deus (Lc 18,9-14).

E nós, como devemos rezar, para que nossa oração seja agradável a Deus?

Para que nossa oração seja agradável a Deus, devemos rezar com fé, confiança, humildade e perseverança.

E quando devemos rezar?

Devemos rezar sempre. Mas de modo especial, devemos rezar ao levantar, à noite antes de deitar, na hora das refeições, na tristeza e na alegria, na saúde e na doença (cf. Lc 18,1).

Quando rezo em companhia de alguém, Jesus está sempre junto. Ele mesmo falou: *"Se aqui na terra duas ou mais pessoas estiverem reunidas em meu nome, para pedir alguma coisa a meu Pai, eu estarei no meio delas"* (cf. Mt 18,19-20).

II. ATIVIDADES

1ª – Para você responder e guardar sempre:

1. Qual foi a oração que Jesus nos ensinou?
2. Que é rezar?
3. Como devemos rezar, para que nossa oração seja agradável a Deus?
4. Quando devemos rezar?
5. Que acontece, quando rezo em companhia de alguém?

2ª – No Evangelho de São Lucas, capítulo 11, Jesus nos fala da oração. Escreva com suas palavras a linda história que Jesus contou para nos ensinar a perseverança na oração (cf. Lc 11,5-9).

3ª – Para você rezar em sua classe:

Catequista: Vamos, neste momento, falar com Deus Pai. Ele está sempre pronto para ouvir a nossa oração. Jesus mesmo nos garantiu:

Todos: "Se aqui na Terra duas ou mais pessoas estiverem reunidas em meu nome, para pedir alguma coisa a meu Pai, eu estarei no meio delas".

Catequista: Aqui estamos, pois, para conversar com o nosso Pai do Céu. Peçamos a Jesus que nos ensine a rezar:

Todos: Senhor Jesus, ensine-nos a rezar!

Catequista: De mãos dadas, vamos rezar a maravilhosa oração que Jesus nos ensinou: Pai nosso...

4ª – CANTO: A melhor oração é amar (p. 102).

III. PARA VOCÊ VIVER

Quero todos os dias rezar o Pai-nosso, que o próprio Jesus nos ensinou. Assim aprenderei a rezar bem, isto é, a falar com Deus, como Jesus falava.

16. Jesus Cristo nos ensina a evitar o pecado

(Jo 15,1-11)

I. TEXTO BÁSICO

Vilmar era um menino muito inteligente, mas tinha seus defeitos. Certa tarde, ao encontrar seu avô fumando, Vilmar roubou um cigarro e se escondeu para fumar. Seu pai, ao encontrá-lo com o cigarro na boca, ficou muito triste e assim falou: – Meu filho, se o fumo faz mal aos pulmões das pessoas grandes, muito mais prejudica as crianças, que ainda têm pulmões muito pequenos e delicados. Devemos cuidar da saúde para termos uma vida longa e saudável. E continuou: – Vilmar, eu gosto muito de você, por isso lhe peço: Evite sempre o fumo.

Assim como o pai de Vilmar ficou preocupado com a saúde corporal do filho, também Deus, nosso Pai, em seu grande amor, preocupa-se com cada um de nós. Sim, Deus se preocupa pela nossa saúde corporal, mas principalmente pela nossa saúde espiritual.

Quer dizer que existe em nós uma vida espiritual? Sim...

Além da vida corporal, existe em nós uma vida espiritual. Jesus Cristo mesmo falou desta vida, quando disse: *"O espírito (ou vida espiritual) está pronto, mas o corpo (ou vida corporal) é fraco"* (cf. Mc 14,38).

Por isto mesmo, pelas suas palavras, mas principalmente pelo seu exemplo, Jesus continua nos pedindo para evitarmos tudo aquilo que prejudica a nossa vida espiritual.

Ora, Jesus bem sabe que o maior inimigo de nossa vida espiritual é o pecado.

Certa ocasião, Jesus Cristo assim falou: *"Eu sou o tronco da árvore, e vós sois os ramos. Todo aquele que ficar bem unido a mim, como o ramo ao tronco, dará muitos frutos, porque sem mim nada podeis fazer"* (cf. Jo 15,5).

Acontece, porém, que a árvore, para continuar com vida, precisa de alimento. E o alimento para a árvore é uma água chamada seiva, que a raiz tira da terra e manda para cima. Esta seiva alimenta e dá mais vida ao tronco, aos ramos maiores, chegando até os últimos ramos da árvore.

O que observamos numa árvore, acontece conosco em nossa vida espiritual.

Para que nossa vida espiritual cresça, fazendo-nos produzir frutos de boas obras, precisamos ficar bem unidos a Jesus, como ramos unidos ao tronco da árvore.

A seiva que alimenta a nossa vida espiritual se chama **graça, vida de Deus em nós ou amizade com Deus**.

Será que existe alguma coisa que pode prejudicar a graça em nós?

Sim, o pecado pode prejudicar a graça em nós. Quando o pecado é grande, pode até matar a vida de Deus em nós.

É que o pecado tranca a circulação da seiva ou da graça entre Deus e nós. O pecado enfraquece nossa vontade de fazer o bem. O pecado nos tira a vontade de praticarmos boas obras. O pecado acaba com o amor que temos a Deus e com a amizade que temos aos nossos semelhantes.

A pessoa que se entrega ao pecado pode ser comparada com um ramo seco ou com um ramo cortado, um ramo separado do tronco. Este ramo não pode produzir nada e ainda prejudica a vida de toda a árvore.

Devemos pedir muito a Jesus que nos livre do grande mal que é o pecado. E que nos ajude a viver sempre muito unidos a Ele, como o ramo bem preso ao tronco da árvore.

Só assim seremos pessoas de valor. Só assim produziremos muitas flores e frutos que são as boas ações que praticamos (cf. Jo 15,8).

II. ATIVIDADES

1ª – Para você responder e gravar bem:

1. Que existe em nós além da vida corporal?
2. Como se chama a seiva que alimenta a nossa vida espiritual?
3. O pecado pode prejudicar a graça em nós?
4. Com que pode ser comparada a pessoa que se entrega ao pecado?
5. Que devemos pedir muito a Jesus?

2ª – O Evangelho nos mostra como Jesus se preocupava pela saúde espiritual de todos. Veja os primeiros versículos do 2º capítulo de São Marcos. Leia este trecho com seus pais e depois comente com seus irmãos (cf. Mc 2,1-12).

3ª – CANTO: És videira vicejante (p. 102).

III. PARA VOCÊ VIVER

Senhor Jesus Cristo, sei que nada posso fazer sem você.

Ajude-me a permanecer sempre bem ligado a você, como o ramo de uma árvore, bem unido ao seu tronco.

17. Jesus Cristo veio salvar o que estava perdido

(Lc 19,1-10; Jo 10,1-18; Lc 15,1-10)

I. TEXTO BÁSICO

Ao norte do Mar Morto, numa baixada da Judeia, ficava uma pequena cidade chamada Jericó. Neste lugar, que era conhecido como a cidade das palmeiras, Jesus fez vários de seus milagres. Por isto mesmo, certo dia, quando Jesus entrou em Jericó, a multidão correu para vê-lo e escutar as suas palavras.

Neste lugar morava um homem rico chamado Zaqueu.

Zaqueu era um cobrador de impostos, e nas cobranças chegou a prejudicar muitas pessoas. Por ser um tanto baixinho, Zaqueu trepou numa árvore para poder enxergar melhor Jesus que passava.

Quando Jesus passou perto da árvore, olhou para cima e disse: *"Zaqueu, desce depressa, hoje quero ficar em tua casa"* (cf. Lc 19,5).

Imaginemos a alegria de Zaqueu. Desceu correndo e, com grande alegria, colocou sua casa à disposição de Jesus.

Depois do almoço, assim falou Zaqueu: – Obrigado, Jesus, pela visita. Ainda hoje quero devolver tudo aquilo que roubei dos outros.

Vendo o arrependimento e a mudança de vida de Zaqueu, Jesus disse: *"Na verdade, hoje a salvação de deus entrou nesta casa"* (cf. Lc 19,9).

Sabemos que Deus Pai quer ver os homens livres e felizes. Criou o mundo e quis a amizade dos homens. Mas os homens não aceitaram a amizade de Deus. Dizendo **não**, viraram as costas para seu Criador.

Mas Deus Pai, em sua misericórdia, não abandonou os homens no pecado. Deus Pai prometeu enviar a salvação na pessoa de seu próprio Filho: Jesus Cristo.

Para unir os homens na amizade e no amor, Jesus Cristo nasceu entre nós e levou uma vida em tudo igual à nossa, menos no pecado.

Certa ocasião, Jesus falou: *"Vim para salvar o que estava perdido".* Com estas palavras, Jesus queria dizer: *"Vim para salvar aqueles que estavam no pecado"* (cf. Lc 19,10).

"Não vim chamar os justos, mas sim os pecadores, para que se arrependam de seus pecados" (cf. Lc 5,32).

Certo dia Jesus passava por um campo, onde havia muitas ovelhas.

Olhando para os pastores que cuidavam do rebanho, Jesus falou: *"Eu sou o bom pastor. Meu Pai me enviou para reunir todos os homens numa grande família, como o pastor reúne todas as ovelhas num grande rebanho. Eu estou sempre atento para que não falte alimento para as minhas ovelhas"* (cf. Jo 10,14-16).

Jesus cuida para que nenhuma de suas ovelhas se perca. Se uma delas se afasta, Ele é capaz de deixar as noventa e nove que estão seguras e ir em busca daquela que se afastou. Encontrando a ovelha perdida, reúne seus amigos e diz: *"Alegrai-vos, porque encontrei a ovelhinha perdida"* (cf. Lc 15,6). Assim acontecerá no céu:

Por causa de um pecador que se arrepende de seus pecados e volta para Deus, haverá mais alegria do que por muitas pessoas que não precisam de arrependimento (cf. Lc 15,7).

II. ATIVIDADES

1ª – Para você responder e saber de cor:

1. Quem era Zaqueu?
2. Vendo o arrependimento e a mudança de vida de Zaqueu, que disse Jesus?
3. Que fez Jesus Cristo para unir os homens na amizade e no amor?
4. Olhando para os pastores, que cuidavam do rebanho, que disse Jesus?
5. Que acontecerá no céu por causa de um pecador que se arrepende de seus pecados?

2ª – No Evangelho de São João, você vai encontrar um lindo trecho. Consulte Jo 8,1-11 e copie no seu caderno algum versículo que mostra a bondade de Jesus diante da pecadora arrependida.

3ª – CANTO: És o Pastor e as ovelhas somos nós (p. 102).

III. PARA VOCÊ VIVER

Senhor Jesus, ajude-me a viver sempre na graça de Deus. Mas, se por infelicidade eu cair no pecado, quero lembrar-me de que você está sempre pronto a aceitar o meu arrependimento.

18. Jesus Cristo nos ensina a perdoar

(Lc 15,11-32)

I. TEXTO BÁSICO

Acompanhado de seus apóstolos, Jesus atravessava uma aldeia da Palestina. Bom número de modestas residências se erguiam aqui e acolá. As crianças, muito ocupadas com seus brinquedos, aguardavam o jantar que as mães estavam preparando.

Alguns publícanos e pecadores aproximaram-se de Jesus para ouvir suas palavras. Mas os fariseus e escribas, gente orgulhosa que desprezava os outros, começaram a resmungar: – É demais... Um homem como Jesus não deveria receber pessoas de má vida e até comer com elas.

Percebendo a malícia destas observações, Jesus começou a contar uma história muito bonita: Um pai tinha dois filhos.

Certo dia, o filho mais moço assim falou: – Pai, dá-me a parte da herança que me pertence. Quero viajar para bem longe. Quero conhecer outras terras. Quero fazer novas amizades. Quero gozar da vida.

Passaram-se muitos anos. O filho ingrato nem sequer mandava notícias para seu pai. Gastou todo o dinheiro em festas, jogos e bebidas. Então sobreveio naquela região uma grande fome. Nosso jovem ficou tão pobre e miserável que não tinha nem sequer o necessário para comer. Certo dia, pensando muito na bondade do pai, o filho ingrato resolveu tomar o caminho da volta.

Quando o pai avistou seu filho, que se aproximava da casa, correu ao seu encontro cheio de alegria. Os dois se abraçaram e se beijaram.

Com as lágrimas nos olhos, o filho disse: *"Pai, pequei contra o céu e contra ti. Já não sou digno de ser chamado teu filho. De agora em diante trata-me como a um dos teus empregados"* (cf. Lc 15,18-19).

Mas o pai, superfeliz, mandou preparar um banquete para festejar a volta de seu filho. Vestiu-o com as mais lindas roupas e colocou em seus dedos o mais precioso anel. Todos se alegraram, porque aquele filho perdido tinha sido encontrado. Aquele filho, aparentemente morto, voltou a viver de novo.

Contando-nos esta história, Jesus quis ensinar-nos uma grande verdade: Por maiores que sejam os nossos pecados, a bondade de Deus é mil vezes maior.

Santa Teresinha do Menino Jesus costumava dizer: Os nossos pecados, por mais feios e numerosos que sejam, desaparecem diante da bondade de Deus. Desaparecem como uma gotinha de água no oceano imenso. Sim, nosso Pai do Céu nos ama tanto que nos quer sempre perto dele.

Se um dia, por desgraça, nos esquecemos do amor do Pai do Céu, afastando-nos dele pelo pecado, voltemos quanto antes, pedindo perdão. O Pai Celeste nos perdoa na hora. Ele nos receberá de braços abertos, como fez aquele pai da parábola que Jesus contou.

Com esta história Jesus nos deu mais uma lição importante: Assim como nosso Pai do Céu está sempre pronto a dar-nos seu perdão, devemos nós também saber perdoar, quando alguém nos ofende. Mas que é perdoar?

Perdoar é desculpar o mal que os outros nos fizeram, querendo o bem da pessoa que nos magoou.

Devemos perdoar sempre, para que Jesus nunca nos negue o seu perdão, é o que rezamos na linda oração do Pai-nosso: *"Perdoai as nossas ofensas, assim como nós perdoamos a quem nos tem ofendido"* (cf. Mt 6,12).

II. ATIVIDADES

1ª – Para você responder e gravar:

1. Um pai tinha dois filhos. Certo dia, que falou o filho mais moço?
2. Pensando muito na bondade do pai, que resolveu o filho ingrato?
3. Que fez o pai, quando avistou seu filho que se aproximava da casa?
4. Com as lágrimas nos olhos, que disse o filho ao pai?
5. Que é perdoar?
6. Quando devemos perdoar?

2ª – No Evangelho de São Mateus, encontramos a parábola do servo sem misericórdia. Contando-nos esta história, Jesus nos ensina que devemos perdoar ao nosso próximo como o Pai do Céu nos perdoa. Com a ajuda de alguém da sua família, procure esta parábola e escreva no seu caderno a frase mais bonita que você encontrou nela (cf. Mt 18,21-35).

3ª – CANTO: Jesus nos ensinou a perdoar, quando disse (p. 103).

III. PARA VOCÊ VIVER

Senhor Jesus, quero confiar muito na bondade e na misericórdia do Pai do Céu que nos ama e nos perdoa sempre. Jesus, faça que eu tenha um coração aberto para todos, um coração capaz de perdoar e amar.

19. Jesus Cristo alimenta as multidões

(Mt 14,13-36)

I. TEXTO BÁSICO

O dia estava maravilhoso. As águas do Lago de Genesaré espelhavam os brilhantes raios do sol. Um barco deslizava mansamente sobre as águas do grande lago. Dentro deste barco encontrava-se Jesus com seus apóstolos. Eles estavam procurando um lugar deserto para rezar e descansar. Mas uma grande multidão de pessoas, sabendo que Jesus iria aparecer naquele lugar, já estava ali a sua espera.

Desembarcando com os seus apóstolos, Jesus saudou a todos. E então: Enquanto curava os doentes, Jesus falava do Reino do Céu.

Ao cair da tarde, os apóstolos disseram a Jesus: *"Mestre, este lugar é deserto, e já é muito tarde. Despede esta gente, para que vá comprar comida na cidade".*

A resposta de Jesus foi esta: *"Não tendes nada para dar? Entregai-me os cinco pães e os dois peixes que estão convosco. Com isto eu vou dar de comer a todos".*

Em seguida, ordenou que todos se assentassem no gramado. Elevou os olhos ao céu, abençoou os pães e os peixes, mandando que fossem distribuídos ao povo faminto. Todos comeram e ficaram satisfeitos.

Dos pedaços que ainda sobraram, recolheram doze cestos cheios.

Depois do grande milagre da multiplicação dos pães, Jesus mandou que os apóstolos entrassem no barco e atravessassem o lago. E, despedindo o povo, Jesus subiu a uma montanha para rezar. Ao cair da noite, estava sozinho naquele lugar.

Foi então que se levantou um vento muito forte. O barco era atirado de um lado para outro. Os apóstolos ficaram com medo. De repente, viram que alguém estava andando sobre as águas, em direção do barco. Quem seria?

– É um fantasma, gritou alguém do barco.

Mas Jesus, de longe, tranquilizou os apóstolos, dizendo: *"Sou eu, não tenhais medo".*

Então Pedro gritou: *"Senhor Jesus, se és Tu mesmo, manda que eu vá a teu encontro, caminhando por cima das águas..."*

Jesus respondeu-lhe: *"Vem, Pedro"*. Pedro não pensou dois segundos. Saltou logo do barco e começou a andar sobre as águas agitadas do lago. Mas, como veio uma forte rajada de vento, Pedro duvidou e começou a afundar. Então gritou: *"Mestre, salva-me".*

Vendo a angústia de Pedro, Jesus segurou-o pelo braço e repreendeu-o com as palavras: *"Homem de pouca fé, por que duvidaste?"*

Apenas entraram no barco, o vento se acalmou. Então os apóstolos prostraram-se diante de Jesus e exclamaram em alta voz: *"Tu és verdadeiramente o filho de Deus"* (cf. Mt 14,22-36).

Diante deste fato, a fé dos Apóstolos cresceu muito.

Que quer dizer ter fé?

– Ter fé quer dizer acreditar em Jesus, confiando no poder de sua palavra e do seu amor. Na verdade...

Jesus foi capaz de fazer tantas coisas maravilhosas:

- dar a saúde a uma multidão de doentes!
- alimentar tanta gente com tão pouco pão!
- caminhar sobre as águas sem se afundar!

II. ATIVIDADES

1ª – Para você responder e fixar:

1. Que fazia Jesus enquanto curava os doentes?
2. Ao cair da tarde, que disseram os apóstolos a Jesus?
3. Qual foi a resposta de Jesus?
4. Vendo a angústia de Pedro, que fez Jesus?
5. Que quer dizer ter fé?
6. Que Jesus foi capaz de fazer?

2ª – Para Jesus fazer um milagre, exigia que as pessoas acreditassem nele. Exigia que as pessoas tivessem fé. Muitos textos na Bíblia nos falam da fé. Copie em seu caderno alguns destes textos: Mt 15,28; Mc 2,5; 9,23-24; Lc 7,50; 8,25; Jo 14,12; At 14,9-10.

3ª – CANTO: O Pão da vida, a Comunhão (p. 103).

III. PARA VOCÊ VIVER

Senhor Jesus Cristo, você fez tantas coisas maravilhosas. Você, que é o Filho de Deus, pode fazer tudo o que quiser. Eu acredito em você. Aumente a minha fé.

20. Jesus Cristo promete a Eucaristia

(Jo 6,22-58)

I. TEXTO BÁSICO

Cafarnaum era uma cidade da Galileia, situada às margens do Lago de Genesaré.

Foi em Cafarnaum que Jesus começou a sua **vida pública**, quando deixou sua casa em Nazaré. Por isso mesmo, costuma-se dizer que Cafarnaum é a segunda cidade de Jesus (cf. Mt 9,1).

Com efeito, foi nessa cidade que Jesus curou tantos doentes: o paralítico, o filho do funcionário real, um possesso do demônio, o servo de um centurião e outros. Foi também em Cafarnaum que Jesus nos ensinou muita coisa importante... *"E Ele ensinou como quem tinha autoridade para ensinar"* (cf. Mc 1,22).

Jesus nos mostrou que a verdadeira grandeza está na humildade. Mostrou-nos também que o maior mal do mundo é o **pecado** (cf. Mc 9,33-50). Como podemos ver, foi em Cafarnaum que Jesus fez e ensinou tanta coisa bonita. Mas hoje vamos ver uma coisa diferente. Hoje vamos ver que...

A coisa mais importante que Jesus fez em Cafarnaum foi **prometer a Eucaristia**.

Sabemos que, nesta cidade, Jesus desembarcou com seus apóstolos um dia depois da multiplicação dos pães. Também ali, Jesus percebeu que muita gente estava à sua espera. Reconheceu logo que se tratava daqueles que haviam comido o pão do milagre no outro lado do lago.

Tudo indicava que eles estavam esperando a repetição do milagre. Jesus então chamou a atenção do povo para um ponto muito importante:

As palavras de Jesus foram estas: *"Vós me procurais, não por causa do milagre que vistes, mas por causa do pão que comestes. Procurai, não tanto o alimento que acaba, mas sim aquele alimento que dura sempre. Eu mesmo posso dar-vos este alimento, alimento que dura para a vida eterna"* (cf. Jo 6,26-27).

E Jesus continuou:

"O povo escolhido comeu o maná no deserto. Contudo, ninguém recebeu de Moisés o pão do céu. No deserto, o povo comeu o maná e morreu. Quem vos dará o verdadeiro pão do céu é meu Pai" (cf. Jo 6,31-33).

Jesus prometeu a Eucaristia com estas palavras:

"Eu sou o pão da vida. Aquele que vem a mim não terá mais fome e aquele que crê em mim, não terá mais sede. Eu sou o pão vivo que desci do céu. Quem comer deste pão viverá eternamente – e o pão que eu darei é a minha carne para a vida do mundo" (cf. Jo 6,35-51).

Muitos dos presentes não compreenderam o que Jesus queria dizer com estas palavras e se retiraram. Então Jesus perguntou aos doze apóstolos: – *"Vós também quereis ir embora"?*

Em nome de todos, Simão Pedro respondeu: *"Senhor, a quem iríamos nós? Só Tu tens palavras de vida eterna"* (cf. Jo 6,66-69).

No dia anterior, quando Jesus fez o milagre da multiplicação dos pães, mostrou-se preocupado com a fome corporal das pessoas. Mas Jesus, como Deus, bem sabia que a pior fome não é a do corpo, mas a fome do espírito. Sim, a pior fome das pessoas é a fome espiritual.

Em Cafarnaum, Jesus prometeu dar a todos um alimento que saciasse a fome espiritual.

Este alimento seria a Comunhão ou Eucaristia.

A Eucaristia é o alimento de nossa vida espiritual.

Quem recebe a Eucaristia se alimenta com mais seiva e recebe mais graça. Quem se alimenta com a Eucaristia recebe mais vida de Deus.

II. ATIVIDADES

1ª – Para você responder e saber bem:

1. Onde foi que Jesus começou a sua vida pública?
2. Qual foi a coisa mais importante que Jesus fez em Cafarnaum?
3. Jesus chamou a atenção do povo para um ponto muito importante. Quais foram as palavras de Jesus?
4. Com que palavras Jesus prometeu a Eucaristia?
5. Que é a Eucaristia?

2ª – A Promessa da Eucaristia é um dos trechos mais lindos de toda a Bíblia. Em casa, abra o Evangelho de São João e leia com muita atenção o capítulo 6, versículos 22 a 58.

3ª – CANTO: O Pão que eu vos der (p. 103).

III. PARA VOCÊ VIVER

Jesus, você não se preocupa só com minha vida corporal, mas principalmente com minha vida espiritual. Pela primeira vez, eu irei receber o grande alimento da minha vida espiritual, a Eucaristia. Ajude-me a preparar-me bem para este acontecimento tão importante na minha vida.

21. Jesus Cristo celebra a Última Ceia

(Mc 14,12-26; 1Cor 11,23-25)

I. TEXTO BÁSICO

Em todas as vilas, aldeias e cidades da Palestina, onde morava alguém do Povo de Deus, podia-se perceber uma preocupação comum: aproximava-se a grande Festa da Páscoa.

Os israelitas celebravam a Festa da Páscoa desde a saída do Egito.

Em cada casa matava-se um cordeirinho para ser oferecido em sacrifício e comido em família. Sobre a mesa também havia verduras amargas, pão sem fermento e vinho.

Para o Povo de Deus, a Festa da Páscoa lembrava a libertação de Israel no Egito.

Jesus também queria celebrar esta festa com seus amigos. Os discípulos aproximaram-se de Jesus e perguntaram-lhe: *"Onde queres que preparemos o cordeiro pascal?"*

Respondeu-lhes Jesus: *"Ide até a cidade e lá encontrareis um homem que é meu amigo. Na casa dele, podereis preparar tudo para a ceia pascal".*

Na primeira hora da noite, Jesus chegou com os outros apóstolos. Tudo tinha sido preparado. Sobre a mesa, estava o cordeiro imolado, o pão e o vinho.

Os apóstolos não sabiam que aquela refeição era a **Última Ceia de Jesus**.

Na hora de começar a refeição, que era a Última Ceia, Jesus olhou para cada um dos apóstolos com muito amor e assim falou:

"Desejei ardentemente comer convosco esta ceia pascal, antes de morrer" (cf. Lc 22,15).

Com estas palavras, Jesus quis dizer: *"Suspirei por este momento, em que vos darei um presente de despedida. Gostaria de garantir-vos a minha presença neste mundo".*

"Quero eu mesmo ser o verdadeiro alimento para a vossa vida espiritual. Desta forma, mesmo depois de minha morte, eu estarei sempre convosco."

Os apóstolos olhavam como quem não podia entender esta linguagem, este modo de falar do Mestre.

Então Jesus, com o pão nas mãos, olhou para o céu, agradeceu a Deus Pai, partiu o pão e o distribuiu entre os apóstolos.

Jesus instituiu a Eucaristia ou Comunhão com estas palavras:

"Tomai e comei. Isto é o meu corpo que será entregue por vós. Tomai e bebei. Isto é o meu sangue que será derramado por vós. Fazei isto para celebrar a minha memória" (cf. 1Cor 11, 23-25).

Naquele momento, olhando para os apóstolos, Jesus pensou em cada um de nós.

Sim, Jesus sabia muito bem que no dia seguinte, sobre o Calvário, iria morrer pregado numa cruz. E o que seria de nós sem Jesus?

Felizmente, Jesus não nos deixou sozinhos. Inventou uma maneira de continuar presente no meio de nós, mesmo depois de sua morte.

Foi na Quinta-feira Santa, véspera de sua paixão e morte, que Jesus Cristo instituiu o sacramento do seu corpo e do seu sangue: **a Eucaristia.**

II. ATIVIDADES

1ª – Para você responder e guardar bem:

1. Desde quando os israelitas celebravam a Festa da Páscoa?
2. Para o Povo de Deus, que lembrava a Festa da Páscoa?
3. Na hora de fazer a refeição, que era a Última Ceia, que fez Jesus?
4. Com que palavras Jesus instituiu a Eucaristia ou Comunhão?
5. Quando foi que Jesus instituiu o sacramento do seu corpo e do seu sangue?

2ª – São Paulo nos lembra que, para receber a Eucaristia, precisamos estar na graça de Deus. Diz que cada um deve examinar-se bem e pedir perdão a Deus, antes de comungar. Copie no seu caderno o trechinho da 1ª carta de São Paulo aos coríntios, capítulo 11 e versículos 27 a 29.

3ª – CANTO: Na Última Ceia Jesus disse assim (p. 103).

III. PARA VOCÊ VIVER

Jesus querido, você é nosso grande amigo. Muito obrigado pelo presente que você nos deu, ficando conosco na Eucaristia. Quero sempre participar da missa, lembrando-me da Última Ceia.

22. Paixão e morte de Jesus Cristo

(Lc 22,39-23,56)

I. TEXTO BÁSICO

Era noite. Em todas as casas dos israelitas comemorava-se a libertação de Israel no Egito. Todas as famílias, comendo o Cordeiro Pascal, rezavam e cantavam cânticos de ação de graças.

Terminada a Ceia Pascal, Jesus saiu da sala com seus apóstolos. Atravessaram um riozinho chamado Cedron e, cantando **salmos de agradecimento**, entraram num jardim que ficava numa colina. A lua cheia vinha surgindo por detrás dos montes.

Jesus costumava rezar no Jardim das Oliveiras, e, naquela noite de agonia, convidou Pedro, Tiago e João para rezarem com Ele.

O Mestre assim falou: *"Minha alma está muito triste. Ficai aqui e rezai comigo"*.

Enquanto isso, os outros apóstolos ficaram dormindo na entrada do jardim. Jesus, afastando-se um pouco, ajoelhou-se sobre uma grande pedra.

A oração de Jesus foi esta: *"Pai, se é do teu agrado, livra-me deste sofrimento. Mas não se faça a minha vontade e sim a tua"* (cf. Lc 22,42).

O sofrimento de Jesus foi tão grande que Ele chegou a suar sangue. Quando Jesus se levantou, ficou triste, vendo que os apóstolos, em vez de rezar, tinham adormecido.

Acordou-os, dizendo: *"Levantai-vos. Por que estais dormindo? Rezai para não cairdes em tentação"* (cf. Lc 22,46).

Nisto se aproximou um grupo, com Judas à frente, para prender Jesus.

Esses homens, que chegaram armados para prender Jesus, trataram o Mestre com muita crueldade: Jesus foi amarrado, empurrado e levado diante dos tribunais. Ali foi escarnecido, açoitado, batido e coroado de espinhos. Depois, sobre seus ombros, colocaram uma grande cruz, que Jesus arrastou pela cidade até chegar ao Calvário. Neste lugar, com grossos pregos, Jesus foi pregado na cruz.

Jesus ficou três horas pregado na cruz, sofrendo uma terrível agonia.

Mas mesmo na cruz Jesus continuou pensando em todos os homens com muito amor.

Olhou para aqueles que o haviam crucificado e rezou: *"Pai, perdoa-lhes, porque eles não sabem o que fazem"* (cf. Lc 23,34).

Depois olhou para sua Mãe, que estava ao pé da cruz, perto do Apóstolo João. Jesus disse para Nossa Senhora: *"Eis aí teu filho".* Depois olhou para João e falou: *"Eis aí tua mãe"* (cf. Jo 19,25-27).

O sofrimento de Jesus na cruz foi tão grande que Ele chegou a exclamar: *"Pai, meu Pai querido, por que me abandonaste"?* (cf. Sl 21,2).

Mas como foi mesmo que Jesus morreu?

Jesus olhou para o céu e disse: *"Pai, tudo aquilo que me mandaste fazer eu fiz. Em tuas mãos, Pai, entrego o meu espírito".* Em seguida, inclinou a cabeça e morreu (cf. Jo 19,30; Lc 23,46).

Neste momento tremeu toda a terra, e o sol se escureceu.

Ao cair da tarde, os amigos de Jesus tiraram seu corpo da cruz e o colocaram numa sepultura nova, cavada na rocha.

Assim foi a 1ª Sexta-feira Santa.

II. ATIVIDADES

1ª – Para você responder e decorar:

1. Onde Jesus costumava rezar?
2. Afastando-se um pouco, Jesus ajoelhou-se e rezou. Qual foi a oração de Jesus?
3. Os homens que chegaram armados para prender Jesus, como é que o trataram?
4. Como foi mesmo que Jesus morreu?
5. Ao cair da tarde, que fizeram os amigos de Jesus?

2ª – Abra a Bíblia e leia o Evangelho de São João, capítulo 19, versículos 17 a 30. Em seguida, no seu caderno, copie as palavras que Jesus disse na cruz.

3ª – Para você meditar com seus pais e copiar no seu caderno de atividades:

Diante de Jesus Crucificado, a gente se pergunta: – Por que tanto sofrimento? Por que é que Ele, para nos salvar, teve de sofrer tanto e morrer numa cruz? – A resposta não é fácil. Estamos diante de um grande mistério. Só a fé nos pode iluminar.

Deus poderia ter-nos salvo de outro modo. Bastaria Jesus ter vivido a nossa vida normalmente, sem as torturas, o abandono e a agonia que Ele passou. Mas, então, Jesus não nos teria dado a "maior prova de amor", que é, como Ele mesmo disse, "dar a vida por seus amigos" (Jo 15,13).

Ora, de fato, o amor se prova pelo sacrifício. É por isso que Jesus quis sacrificar-se, por nós, na cruz.

4ª – CANTO: Vitória, tu reinarás (p. 103).

III. PARA VOCÊ VIVER

Jesus, crucificado por meu amor, olhe para mim. Eu sei que sua morte é a maior prova de amor que você me deu. Ajude-me a viver a minha vida, pensando mais nos outros do que em mim mesmo.

23. Ressurreição e ascensão de Jesus Cristo

(Mc 16,1-20; Jo 20,1-23; At 1,1-11)

I. TEXTO BÁSICO

Era domingo. Um domingo diferente dos outros. Um domingo cheio de luz e de esperança. Maria Madalena, acompanhada de duas amigas, com um vidro de perfume nas mãos, foi até a sepultura de Jesus. Queria derramar o perfume sobre o corpo do Mestre querido.

Maria Madalena, enquanto caminhava, perguntou: *"Quem nos tirará a pedra que está diante da sepultura de Jesus?"*

Neste instante, chegaram até o lugar onde Jesus tinha sido sepultado. As mulheres ficaram assustadas. A pedra não estava mais no seu lugar.

A sepultura de Jesus estava aberta. Que aconteceu? Viram então um anjo vestido de branco à entrada do sepulcro. Assim falou o anjo:

"Por que procurais entre os mortos aquele que está vivo? Jesus não está mais aqui. Ressuscitou! Ide agora e dizei aos apóstolos que Jesus ressuscitou e irá encontrar-se com eles na Galileia".

As três mulheres, cheias de alegria pela notícia da ressurreição, correram e disseram aos apóstolos: Jesus ressuscitou!

Que quer dizer Jesus ressuscitou? – Jesus ressuscitou quer dizer: Jesus venceu a morte, saindo vivo da sepultura com um corpo glorioso.

Pedro e João depressa foram ao sepulcro, mas nada encontraram.

Na tarde daquele dia, todos os apóstolos estavam reunidos no Cenáculo. De repente, Jesus apareceu no meio deles e assim falou: *"A paz esteja convosco".* Foi então que...

Jesus deu aos apóstolos o poder de perdoar pecados no Sacramento da Penitência ou Confissão, com estas palavras:

"Recebei o Espírito Santo. Os pecados que perdoardes, serão perdoados. Os pecados que não perdoardes, não serão perdoados" (cf. Jo 20,22-23).

Depois da ressurreição, Jesus ficou 40 dias em companhia dos apóstolos, para confirmá-los na fé.

Então Jesus convidou seus amigos a subirem a um monte, onde se despediu de todos. Assim falou Jesus:

"Todo o poder me foi dado no céu e na terra. Ide, pois, anunciai o Evangelho a todos os povos e batizai-os em nome do Pai e do Filho e do Espírito Santo. Eu prometo estar convosco todos os dias até a consumação dos séculos" (cf. Mt 28,18-20).

E Jesus foi subindo à vista deles, até que uma nuvem o recebeu.

Depois que Jesus desapareceu atrás de uma nuvem, todos puderam ver dois jovens vestidos de branco que assim falaram:

"Homens da Galileia, por que estais olhando para o céu? Prestai atenção: este Jesus que subiu para o céu, assim um dia voltará" (cf. At 1,9-11).

II. ATIVIDADES

1ª – Para você responder e fixar bem:

1. Que perguntou Maria Madalena enquanto caminhava?
2. Que fizeram as três mulheres, cheias de alegria pela notícia da ressurreição?
3. Que quer dizer: Jesus ressuscitou?
4. Com que palavras Jesus deu aos apóstolos o poder de perdoar os pecados?
5. Para que Jesus ficou em companhia dos apóstolos 40 dias depois da ressurreição?
6. Que aconteceu depois que Jesus desapareceu atrás de uma nuvem?

2ª – São Paulo, na sua 1ª carta aos coríntios, nos diz: *"Se Jesus Cristo não tivesse ressuscitado, a nossa fé seria inútil. Nós seríamos homens sem esperança".*
Leia este lindo trecho para compreender melhor a ressurreição de Jesus (cf. 1Cor 15,1-28).

3ª – CANTO: Glória, glória, aleluia! (p. 103).

III. PARA VOCÊ VIVER

Ó Jesus, principalmente aos domingos, quero lembrar-me da sua ressurreição. Quero lembrar-me de que tenho a obrigação de viver como alguém que ressuscitou com você para uma vida de fé, de esperança e de amor.

24. O Espírito Santo

A vinda do Espírito Santo marcou o começo da Igreja

(At 2; *Lumen Gentium*, 1 n. 4)

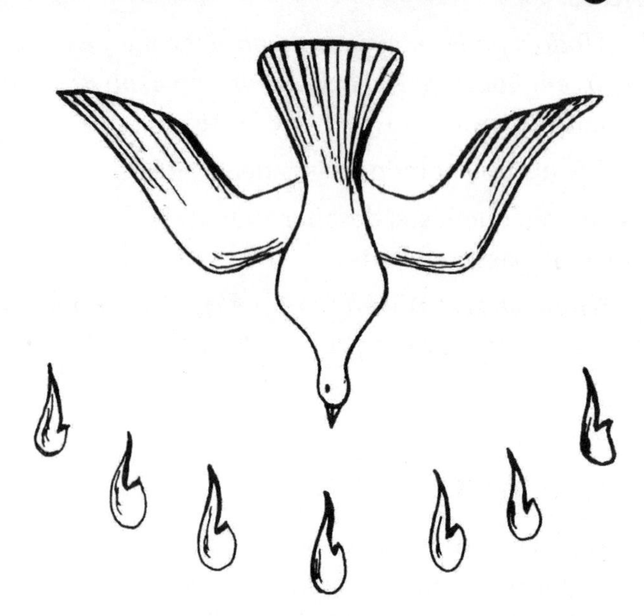

I. TEXTO BÁSICO

No meio de um campo, cheio de árvores e arbustos, sobressaía a casa de uma família muito feliz. O casal, Sr. José e D. Clara, possuía poucos bens. Sua grande riqueza era representada por seus quatro filhos: Marcos, Vera, Rita e Carlos. Depois do jantar, todos se sentaram às margens de um lindo lago para contemplar os peixinhos, que se acomodavam atrás de uma pedra à procura de um lugar para dormir. Vera, a filha mais velha, começou a conversa:

– A professora ontem falou de Jesus Cristo. Disse que Jesus voltou para o Pai do Céu, a fim de nos preparar um lugar. Eu gostaria de saber o que aconteceu depois... Então o Sr. José respondeu:

– Tendo Jesus voltado para o Pai do Céu, os apóstolos disseram: – "Os homens maus que pregaram Jesus na cruz são capazes de nos matar também. Vamos esconder-nos no Cenáculo com a Mãe de Jesus". Entraram numa grande sala, trancando as portas e as janelas. Lá ficaram em oração, fazendo a grande novena em preparação da vinda do Espírito Santo.

Dez dias depois, todos se assustaram com o barulho de um violento vendaval, que parecia derrubar a casa. A sala, onde os apóstolos estavam rezando, encheu-se de uma luz muito brilhante. Sobre todos eles desceu o Espírito Santo, em forma de línguas de fogo (cf. At 2,1-13).

Mas quem é o Espírito Santo?

O Espírito Santo é a 3ª pessoa da Santíssima Trindade, igual ao Pai e ao Filho. O Espírito Santo vive em nós para sermos mais santos.

Com a vinda do Espírito Santo, os apóstolos perderam o medo. Abriram as portas e se meteram no meio do povo, ensinando a doutrina de Jesus.

Os apóstolos, mesmo perseguidos, espancados, no exílio e nas prisões, continuaram falando de Jesus a todos os homens. E esta coragem os animou até a morte. Praticamente todos os apóstolos derramaram o seu sangue, para não negar sua fé em Jesus Cristo. Dizemos com muita razão que:

A vinda do Espírito Santo marcou o começo da Igreja.

Isto porque o mesmo Espírito que animou os apóstolos, despertou outras pessoas que levariam adiante a mensagem de Jesus.

Todos aqueles que aceitaram e ainda hoje aceitam Jesus Cristo e sua doutrina, formam o Povo de Deus ou a Igreja. Mas o que é a Igreja?

– A Igreja somos nós: é a comunidade de fé, de oração, de ajuda fraterna e de amor, reunida em nome de Jesus.

São quatro as notas características da Igreja: ela é una, santa, católica e apostólica. Além disso, dizemos que nossa Igreja é católica, apostólica, romana:

CATÓLICA – quer dizer **universal**, espalhada por todo o mundo.

APOSTÓLICA – quer dizer iniciada pelos apóstolos, escolhidos por Jesus.

ROMANA – quer dizer que seu chefe visível, o papa, mora em Roma.

A Igreja nos dá normas que chamamos também mandamentos:

Os 5 Mandamentos da Igreja são:

1º – PARTICIPAR DA MISSA NOS DOMINGOS E DIAS SANTOS.

2º – CONFESSAR-SE AO MENOS UMA VEZ POR ANO.

3º – COMUNGAR SEMPRE QUE POSSÍVEL EM CADA MISSA (ao menos uma vez por ano pela Páscoa da Ressurreição).

4º – JEJUAR E NÃO COMER CARNE, QUANDO MANDA A IGREJA (praticar algum ato de penitência às sextas-feiras).

5º – PAGAR DÍZIMO (o centésimo) **SEGUNDO O COSTUME.**

II. ATIVIDADES

1ª – Para você responder e guardar bem:

1. Quem é o Espírito Santo?
2. Que marcou a vinda do Espírito Santo?
3. Que é a Igreja?
4. Quais são os 5 Mandamentos da Igreja?

2ª – Para você ler e meditar junto com seus pais:

Jejuar quer dizer comer menos em dias especiais marcados pela Igreja. Tem obrigação de jejuar todo aquele que já completou 21 anos até os 60 anos. Quem está doente não precisa jejuar.

A obrigação de não comer carne, nos dias marcados pela Igreja, atinge a todos, desde que tenham completado 14 anos.

Praticar algum ato de penitência às sextas-feiras. Por quê? – Porque foi numa sexta-feira que Jesus, nosso Salvador, tanto sofreu e morreu por nós.

3ª – CANTO: O Espírito do Senhor está sobre nós (p. 104).

III. PARA VOCÊ VIVER

Quero pedir sempre as luzes do Espírito Santo, para viver como bom filho de Deus dentro da Igreja. Assim vou ser feliz na união com Jesus e com meus irmãos.

25. Os sacramentos
Uma das riquezas que Jesus confiou a sua Igreja

(1Cor 1,4-7)

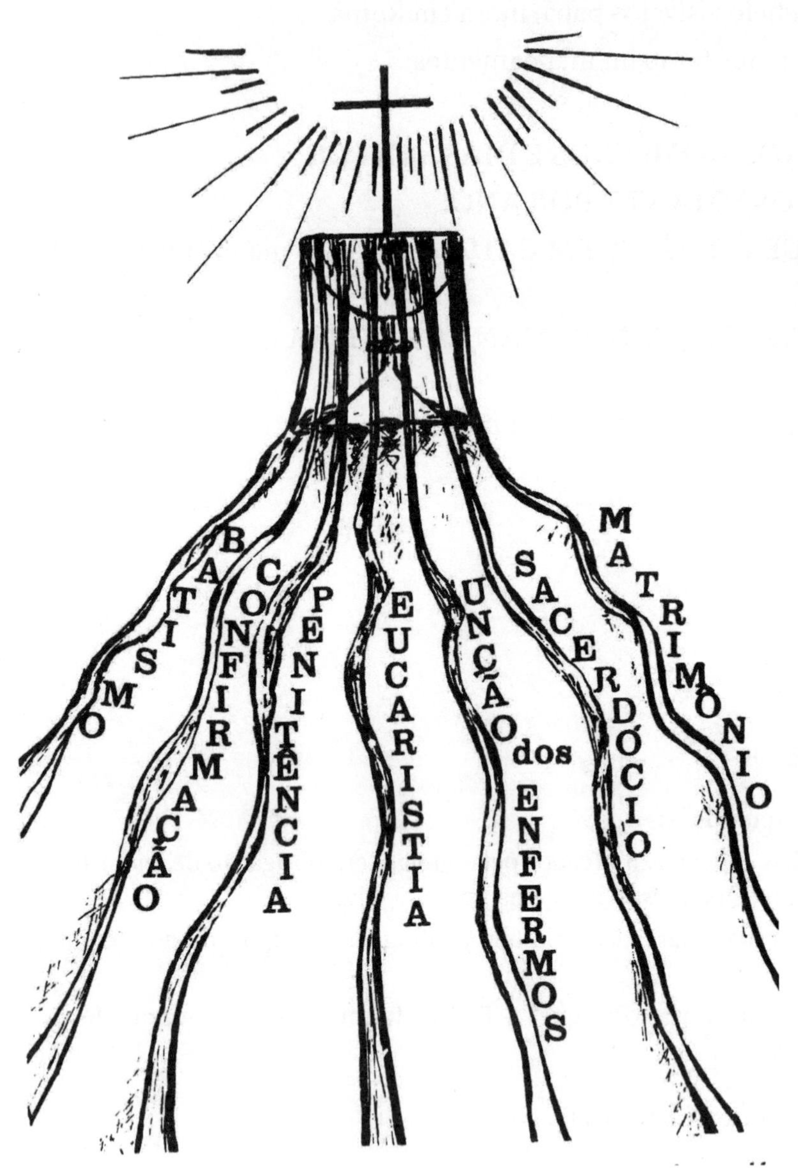

I. TEXTO BÁSICO

O Sr. José, acompanhado de seus dois filhos mais velhos, saiu de casa. O dia estava lindo, e ele queria semear os primeiros grãos de trigo daquele ano. Ao cair da tarde, Vera apontou para o alto da montanha e perguntou: – Que é aquilo lá em cima? – É uma nuvem de fumaça, respondeu Marcos. E o pai continuou:

– Quando vemos fumaça, sabemos que existe fogo. A fumaça é sempre sinal de fogo. Vamos lá ver o que está acontecendo...

Em nossa vida temos muitos sinais que nos lembram ou mostram alguma coisa. Por exemplo: um sorriso, um aperto de mão, um beijo, um abraço, um presente são sinais de amizade, sinais de amor.

Jesus usou muitos sinais para mostrar a sua amizade, o seu perdão, o seu amor aos homens, mas apontou 7 sinais especiais, chamados sacramentos.

Os sacramentos são sinais de vida ou presentes que Jesus confiou à sua Igreja.

O autor dos sacramentos é Jesus Cristo. Jesus dá estes presentes aos homens que aceitam recebê-los com amor.

Pelos sacramentos, Jesus quer dar-nos mais vida! Ele mesmo disse: *"Eu vim para que todos tenham mais vida..."* (Jo 10,10).

Sim, Jesus quer o nosso crescimento na fé, na esperança e no amor a Deus e aos homens. Por isso mesmo, para cada momento importante de nossa vida, Jesus nos dá um sinal do seu amor, um sacramento.

Os 7 sacramentos são: Batismo, Confirmação, Penitência, Eucaristia, Unção dos Enfermos, Sacerdócio e Matrimônio.

Quando Jesus deu estes 7 sacramentos, usou algumas palavras especiais para cada um deles:

1º – Batismo: *"Ide, pregai o Evangelho a todos os povos, batizando-os em nome do Pai, e do Filho, e do Espírito Santo"* (cf. Mt 28,19).

2º – Confirmação ou Crisma: *"Pedro e João impuseram as mãos sobre as pessoas, para que recebessem o Espírito Santo"* (cf. At 8,17).

3º — Penitência ou Confissão: *"Recebei o Espírito Santo. Os pecados que perdoardes, serão perdoados"* (cf. Jo 20,22-23).

4º – Eucaristia: *"Tomai e comei, isto é o meu corpo. Tomai e bebei, isto é o meu sangue"* (cf. Mc 14,22-24).

5º – Matrimônio: *"Não separe o homem o que Deus uniu"* (cf. Mc 10,9).

6º – Sacerdócio ou Ordem: *"Fazei isto para celebrar a minha memória"* (cf. Lc 22,19).

7º – Unção dos Enfermos: *"Chame o padre para ungir o doente com óleo santo em nome do Senhor"* (cf. Tg 5,14).

Como toda semente precisa de água para nascer, crescer, dar flores e frutos... Cada um de nós precisa dos sacramentos, em momentos especiais de nossa vida cristã, para nascer e crescer numa vida de amor a Jesus e aos irmãos.

II. ATIVIDADES

1ª – Para você responder e gravar bem:

1. Que são os sacramentos?
2. Quem é o autor dos sacramentos?
3. O que Jesus quer dar-nos pelos sacramentos?
4. Quais são os 7 sacramentos?
5. Para que precisamos nós dos sacramentos?

2ª – Em casa, abra a Bíblia e leia com seus pais o trechinho que fala de cada sacramento. Veja o texto básico da lição.

3ª – Olhe bem para a ilustração desta aula. Os sacramentos são os "Rios de Deus" (cf. Jo 19,34). Rios que brotam do Calvário, onde Cristo deu sua vida por nós. Copie em seu caderno de atividades as palavras do canto:

1. Faze-me chegar aos teus rios, Senhor ! (3 x)

Refrão: Faze-me chegar, faze-me beber, faze-me viver!

2. Faze-me beber dos teus rios, Senhor!
3. Faze-me viver nos teus rios, Senhor!

4ª – **CANTO:** Agradeço a Nosso Senhor (p. 104).

III. PARA VOCÊ VIVER

Sabendo que os sacramentos são grandes riquezas que Jesus me oferece, quero sempre recebê-los com muita fé para crescer na vida de amor a Jesus e aos irmãos.

26. O Batismo

Sacramento da vida nova

(Jo 3,1-8; Rm 6,1-7)

I. TEXTO BÁSICO

Voltando para casa, Marcos e Vera correram ao encontro da mãe e disseram: – Hoje papai nos falou dos sete grandes presentes que Jesus nos deixou, para termos mais vida. Então D. Clara respondeu: – Vocês três mais velhos já receberam um ou alguns destes presentes. Só Carlinhos ainda não recebeu nenhum. Mas no próximo domingo levaremos nosso pequeno para a igreja e ele receberá o primeiro destes presentes: o Batismo. E a pequena Rita insistiu: – Mãe, mãe, conte para nós a história do Batismo! – Então sentem primeiro, disse D. Clara. E continuou:

– Era noite. O céu estava salpicado de estrelas, e a lua cheia vinha surgindo por detrás dos montes.

Um homem, chamado Nicodemos, procurou Jesus para conversar: *"Mestre, que é preciso fazer para a gente entrar no céu?"* Jesus respondeu: *"Para entrar no Reino do Céu é preciso nascer da água e do Espírito Santo"* (cf. Jo 3,4-5).

A **água** e o **Espírito Santo** lembram o Batismo. A **água** é derramada sobre a cabeça da criança, e a graça do **Espírito Santo** entra em sua vida.

Mas o que é o Batismo?

O Batismo é o sacramento da vida nova, porque nos faz nascer para a vida de Deus.

Ou então: O Batismo é o sacramento da vida nova, porque nos faz filhos de Deus, irmãos de Jesus Cristo, amigos do Espírito Santo, membros da família de Deus ou da Igreja, e irmãos de todos os homens.

O Batismo também nos dá uma nova Mãe, Maria Santíssima.

No Batismo a criança recebe uma vela acesa, o óleo santo e a veste branca. A **vela acesa**, significa a luz da fé. A unção com o **óleo santo** significa a força para lutar contra o mal. A **veste branca** significa a graça ou amizade com Deus.

Quando o padre oferece a veste branca para a criança, diz: *"Recebe esta veste branca e guarda-a sem mancha até o dia em que te apresentares diante de Deus".*

Quer dizer que esta veste branca pode ser manchada ou rasgada?

Sim, o que mancha ou rasga esta veste é o pecado. É o nosso não a Deus e aos nossos irmãos.

O pecado e só o pecado nos pode tirar a amizade com Deus, que é a graça dentro de nós; o pecado e só o pecado pode matar a vida de Deus que o Batismo fez nascer em nós.

Precisamos evitar o pecado para nunca perdermos a graça, isto é, a vida de Deus em nós, para nunca perdermos a amizade com Deus.

Esta amizade com Deus nos faz felizes aqui na terra e depois no céu.

O sinal que marca o batizado é o amor. Jesus disse: *"Se vos amardes uns aos outros, todos reconhecerão que sois meus amigos"* (cf. Jo 13,34).

II. ATIVIDADES

1ª – Para você responder e guardar em sua memória:

1. Que é o Batismo?
2. O que diz o padre quando oferece a **veste branca** no Batismo?
3. Que nos pode tirar a amizade com Deus?
4. Que precisamos evitar para nunca perdermos a graça?
5. Qual é o sinal que marca o batizado?

2ª – Leia na Bíblia a conversa de Jesus com Nicodemos em Jo 3,1-8.

3ª – Copie um trechinho do Texto básico que fale do Batismo como sacramento da vida nova:

____

____

____

____

4ª – CANTO: O Batismo nos faz filhos de Deus (p. 104).

III. PARA VOCÊ VIVER

De manhã, ao lavar o meu rosto, quero lembrar-me da água do meu Batismo e rezar: Espírito Santo, ajudai-me a crescer na graça de Deus, que pelo Batismo entrou na minha vida. Assim como esta água limpa o meu rosto, purificai-me de todo o mal.

27. Crisma ou Confirmação
Sacramento do Espírito Santo

(At 8,14-17; 1Cor 3,16; Gl 5,22-26)

I. TEXTO BÁSICO

Havia muita alegria na casa do Sr. José. Era uma festa de aniversário. Marcos, o filho mais velho, completava 14 anos. Quando o pai lhe deu o abraço de parabéns, disse-lhe: – Meu filho, agora você já pode fazer parte do grupo de jovens que se preparam para receber a Crisma.

Naquele mesmo dia, antes de deitar, as crianças se aproximaram de seus pais e disseram: – Gostaríamos muito que nos falassem alguma coisa a respeito da Crisma. Papai José respondeu, sorrindo: – Criança inteligente quer sempre saber de tudo.

A família de Deus, a Igreja, quer que todos nos esforcemos para praticar o bem. Mas, que quer dizer praticar o bem?

Praticar o bem quer dizer: ajudar os colegas; trabalhar e estudar com aplicação; obedecer aos pais; respeitar as pessoas idosas; falar com Deus, rezando, quer sozinho, quer na comunidade. **Praticar o bem é fazer tudo aquilo que é bom.**

Mas, será fácil praticar sempre o bem?

Não. E Jesus sabia disto, quando falou: *"Sem mim nada podeis fazer"* (cf. jo 15,5). *"O Espírito Santo descerá sobre vós e vos dará força"* (cf. At 1,8).

Nós já recebemos o Espírito Santo no dia do nosso Batismo. Mas, na Crisma ou Confirmação, o Espírito Santo vem a nós com suas luzes e graças, seus dons e sua força.

Sim, é pela força do Espírito Santo que tantas crianças são boazinhas e vivem praticando o bem. É pela força do Espírito Santo que tantos jovens evitam o pecado. É pela força do Espírito Santo que tantos homens se conservam amigos de Deus.

A Confirmação ou Crisma é o Sacramento do Espírito Santo.

Por isso, quando o bispo crisma uma pessoa, diz: **"Recebe o dom do Espírito Santo"**.

Ser crismado quer dizer: estar marcado com o sinal do Espírito Santo.

Pelo Sacramento da Confirmação ou Crisma, recebemos estes sete dons do Espírito Santo: Sabedoria, Inteligência, Conselho, Ciência, Fortaleza, Piedade, Temor ou Amor de Deus (cf. Is 11,2-3).

A Igreja só crisma os jovens de **14 anos para cima,** mas é bom que nos acostumemos a pedir o Espírito Santo desde pequenos. Principalmente de manhã, invoquemos a força e a luz do Espírito Santo, rezando:

"Vinde, espírito santo, enchei os corações de vossos fiéis e acendei neles o fogo de vosso amor".

II. ATIVIDADES

1ª – Para você responder e decorar:

1. Que quer dizer praticar o bem?
2. Desde quando nós já recebemos o Espírito Santo?
3. Que é Confirmação ou Crisma?
4. Que quer dizer ser crismado?

2ª – Procure gravar a Oração do Espírito Santo e rezar todos os dias: *"Enviai, Senhor, o vosso santo espírito. E tudo será criado. Renovareis a face da terra".*

3ª – O Espírito Santo, que entrou em nossa vida pelo Batismo e pela Confirmação, torna-nos cristãos responsáveis, entusiastas e cheios de alegria. Cristãos que se comunicam com todos, cantando:

Refrão: Alô, bom-dia, como vai você? * Um olhar bem amigo, * Um claro sorriso, um aperto de mão! E a gente sem saber como e por quê, * Se sente feliz e sai a cantar alegre canção.

1. **Bom-dia** nada custa ao nosso coração * E é bom fazer feliz o nosso irmão. Por Deus se deve amar, amar sem distinção. * Alô, **bom-dia,** irmão.

2. Saber dar um **bom-dia,** cheio de bondade, * Dizer bom-dia com sinceridade: É dar sempre o melhor de nosso coração. * Alô, **bom-dia,** irmão!

4ª – CANTO: Envia teu Espírito, Senhor... (p. 104).

III. PARA VOCÊ VIVER

Quero pedir todos os dias ao Espírito Santo a sua luz e força para eu praticar sempre o bem. E desde já vou preparar-me para receber o Sacramento da Confirmação, que me dará os sete dons do Espírito Santo.

28. Sacerdócio - Matrimônio - Unção dos Enfermos

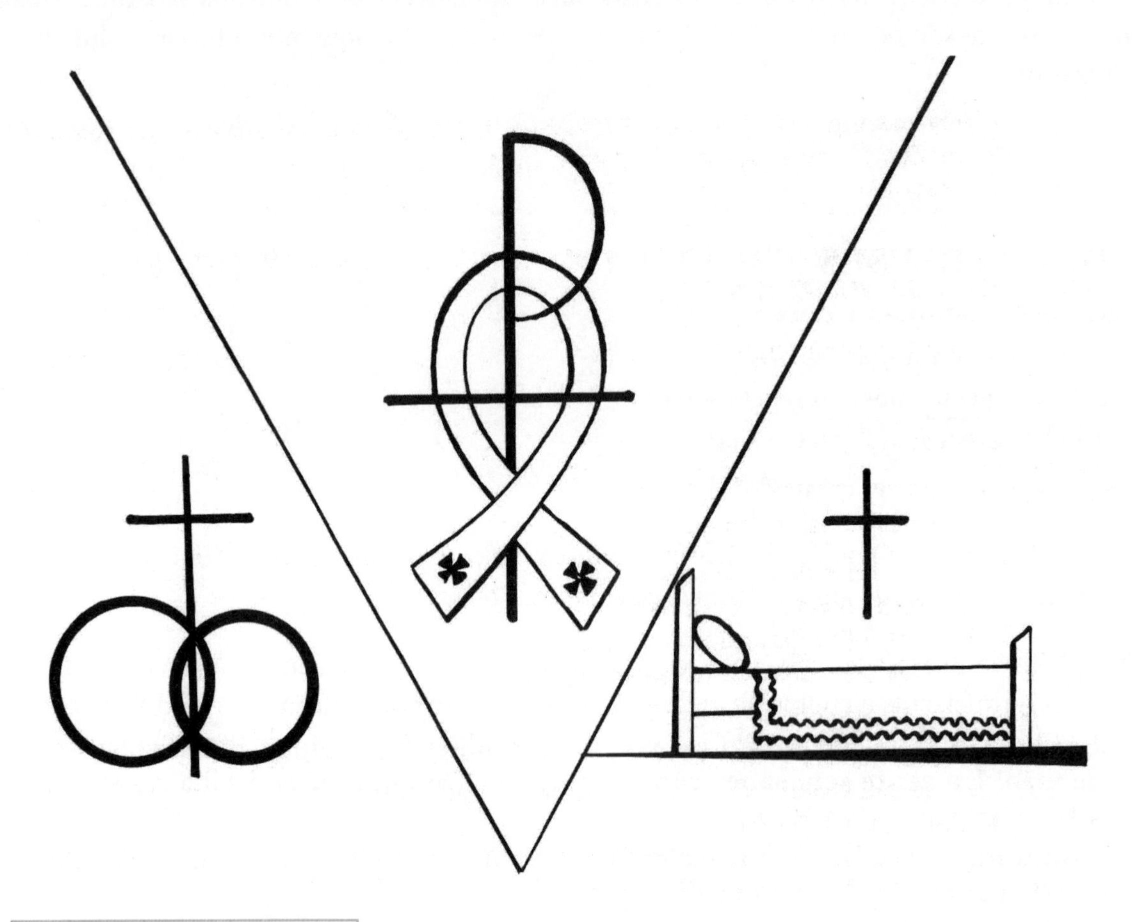

I. TEXTO BÁSICO

SACERDÓCIO (Hb 5,1-10; Lc 22,19)

As crianças estavam muito felizes com a visita do Tio César, um rapaz bonito e inteligente. A pequena Rita sentou-se nos joelhos de César e perguntou: – Tio, é verdade que você vai ser padre? – Sim, é verdade. E ainda este ano, se Deus quiser. – Ser padre quer dizer, rezar a missa, não é mesmo, tio? – Sim, Ritinha, mas não é só isso...

Quando Jesus subiu ao céu, pediu que sua mensagem de amor fosse levada a todos os homens. Jesus escolheu pessoas para isso. Jesus continua ainda hoje escolhendo estes amigos: são os **sacerdotes**.

O sacramento que Jesus escolheu para fazer de um homem o seu sacerdote é o Sacramento da Ordem ou Sacerdócio.

Pelo Sacramento da Ordem o padre recebe de Jesus muitos poderes: o poder de rezar a santa missa, o poder de anunciar a Palavra de Deus, o poder de comunicar a todos a vida de Deus, pelos sacramentos.

Marcos interrompeu: – Tio, o padre também tem o poder de abençoar o casal no dia do casamento, não é mesmo? – Sem dúvida. Queria agora dizer algumas palavras sobre o:

MATRIMÔNIO (Jo 2,1-11; Ef 5,21-33)

Todos nós já assistimos a um casamento. Achamos tudo muito bonito. Gostamos de ver a noiva, entrando na igreja, acompanhada de seus pais e amigos. Mas será que nós sabemos mesmo o que é casamento? Casamento é a união de um moço e de uma moça que se querem bem e por isso fazem a aliança de viverem juntos até o fim da vida. O casamento sempre existiu, mas foi Jesus Cristo que fez do casamento um sacramento chamado Matrimônio (cf. Mc 10,2-9).

O **Matrimônio** é o sacramento que os noivos recebem na igreja no dia em que se casam. Este sacramento abençoa e santifica a família.

Desta vez, quem interrompeu foi Vera: – Um bom casal deve cuidar do vovô e da vovó. A vovó do Jorge está doente, e dizem que o padre vai trazer os Santos Óleos para ela. César, o seminarista, continuou: – Os Santos Óleos quer dizer:

UNÇÃO DOS ENFERMOS (Tg 5,13-19; Mc 10,46-52)

Todos sabemos como é triste estar doente. A gente fica tão fraco. Jesus sentia pena dos doentes e os curava. Jesus ainda hoje continua tendo piedade dos doentes e, para ajudá-los, deixou o Sacramento da Unção dos Enfermos.

Pelo Sacramento da Unção dos Enfermos o doente recebe muitas graças e, se for da vontade de Deus, pode até ficar curado da doença.

Por isso, não só as pessoas doentes, mas também as idosas, deveriam receber o Sacramento da Unção dos Enfermos.

II. ATIVIDADES

1ª – Para você responder e saber de cor:

1. Qual é o sacramento que Jesus escolheu para fazer de um homem o seu sacerdote?
2. Quais são os poderes que o padre recebe de Jesus pelo Sacramento da Ordem?
3. Que é o Matrimônio?
4. O que o doente recebe pela Unção dos Enfermos?

2ª – Desenhe uma flor ou uma estrela diante do pensamento de que você mais gosta:

– "A messe é grande, mas os operários são poucos. Rogai ao Senhor da messe que mande operários para a sua messe" (Mt 9,37-38).

– "O homem deixa seu pai e sua mãe e se une a sua mulher; e os dois formam uma só pessoa (cf. Gn 2,24). Este mistério é grande: ele significa a união entre Cristo e a Igreja" (cf. Ef 5,31-32).

– Os doentes podem oferecer seus sofrimentos a Deus, em união com Jesus, conforme as palavras do apóstolo: "Completo no meu corpo aquilo que falta à Paixão de Cristo" (cf. Cl 1,24).

3ª – CANTO: Vem e segue-me, disseste, Senhor (p. 104).

III. PARA VOCÊ VIVER

Jesus Cristo nos deu os sacramentos para sermos mais felizes, para termos mais vida. Por isso, quero rezar: Jesus, muito obrigado por você nos ter dado estes sacramentos: O Sacerdócio, o Matrimônio e a Unção dos Enfermos. Eu lhe peço que abençoe os padres, os casais, os doentes e os velhinhos.

29. Pecado

O maior mal do mundo

(1Jo 3,4-24; Ef 5,1-14; Rm 5,17-21)

I. TEXTO BÁSICO

Vera e Rita estavam muito contentes. O dia amanheceu lindo, e elas iriam com Tio César lá atrás do morro, para visitar uma família. Depois de longa caminhada, chegaram às portas de uma casa muito pobre. Uma velhinha de cabelos brancos olhou para fora da janela e foi dizendo: – Entrem, entrem. César, graças a Deus que você veio. Estou com os quatro netinhos muito doentes. Meu filho e minha nora estão trabalhando na fábrica, mas o que ganham não dá para sustentar a família.

César foi dando remédio, roupa e comida para aquela pobre gente.

Na volta, Rita começou a chorar. Tinha ficado com muita pena daquelas crianças doentes, no meio de tanta miséria. Então César falou: – Naquela casa existe doença, fome, pobreza e miséria, porque existe o pecado no mundo.

– Por causa do pecado? Mas que é **pecado**?, perguntou Vera.

Pecado é a **negação do amor** de Deus e do próximo. A gente nega este amor, sempre que escolhe livremente o caminho errado, que nos afasta de Deus e dos irmãos.

De fato, paremos um pouco. Olhemos para dentro de nós mesmos. Quantas vezes queremos fazer o bem e acabamos não fazendo. E com isso cometemos um **pecado de omissão** (cf. Mt 25,42-45).

Quantas vezes prometemos viver conforme os ensinamentos de Jesus Cristo e acabamos fazendo o contrário. O nosso egoísmo muitas vezes não nos deixa amar os outros. O nosso egoísmo muitas vezes nos leva a prejudicar nossos semelhantes. Isto tudo acontece dentro de nós, onde se enraíza o nosso egoísmo.

Mas aquilo que acontece dentro de nós, também acontece fora de nós. Lancemos um olhar para o mundo em que vivemos: Por que tanta guerra, tanta falta de respeito pela pessoa do outro, tanta soberba e exploração dos mais poderosos sobre os mais fracos?

Por que tanta fome, doença e miséria no mundo?

Olhando para tudo isso, concluímos que alguma coisa está errada.

Alguma coisa está estragando o plano de amor e salvação do Pai do Céu. Sim, existe um grande mal no mundo: **o pecado**.

Aquele que peca faz sempre alguma coisa contra o amor de Deus e contra o amor do próximo.

– Mas no caso daquela pobre família, de quem é o pecado?, perguntou Vera. Respondeu César: – O pecado é do patrão da fábrica, onde trabalham os pais das crianças. É um homem muito rico que só pensa em enriquecer ainda mais e se esquece dos outros. Por isso mesmo ele paga um salário de fome aos seus empregados (cf. Tg 5,1-6).

Então vejam: por causa do pecado de egoísmo do patrão, uma família inteira vive na doença, na pobreza e na miséria.

– Isto é muito grave, completou Vera.

– Sim, continuou César, tão grave, que um pecado assim se chama **pecado grave**.

Pecado grave é dizer "**não**" ao amor de Deus e do próximo em coisa muito grande, séria e grave.

Mas nem todos os pecados são graves. Às vezes, nós negamos o amor a Deus e ao próximo em coisas mais leves ou pequenas. Por exemplo: voltando da escola, a gente encontra a mãe cansada que nos diz: – Meus filhos, ajudem sua mãe; coloquem os pratos na mesa. Em vez de obedecer, a gente faz que não escutou e vai brincar. Isto também é pecado. Mas, como foi sem pensar, é um pecado leve, um **pecado venial**.

Pecado venial é dizer "**não**" ao amor de Deus e do próximo em coisa leve ou pequena.

Jesus nos ensina que devemos evitar tanto o pecado grave como o pecado venial, porque tanto um como o outro tranca a circulação da graça de Deus em nós.

São Paulo nos explica esta dimensão social do pecado, usando a comparação do corpo humano. Cristo é a cabeça do Corpo místico, e nós somos os seus membros. Se um membro está doente, todo o corpo sofre (1Cor 12,26-27).

Quer dizer, se um de nós comete um pecado, prejudica toda a família de Deus. Por outro lado:

Sempre que um de nós pratica o bem, aumenta a graça e a força espiritual do Corpo místico de Cristo que é a Igreja.

II. ATIVIDADES

1ª – Para você responder e guardar bem:

1. Que é pecado?
2. Que faz aquele que peca?
3. Que é pecado grave?
4. Que é pecado venial?
5. Que acontece, sempre que um de nós pratica o bem?

2ª – CANTO: Perdoai-nos, ó Pai, as nossas ofensas (p. 104).

III. PARA VOCÊ VIVER

Jesus querido, compreendi que o pecado não é apenas um ato isolado e exterior. O pecado é antes uma atitude interior, dentro da gente. O **pecado** começa quando a gente livremente escolhe o caminho errado que nos afasta do amor de Deus e do próximo. Jesus, ajude-me a evitar sempre o **pecado** como se evita o maior mal do mundo.

30. O Sacramento da Penitência

O perdão de Deus chega até nós através da Igreja

(Jo 20,19-23; Mt 18,15-20)

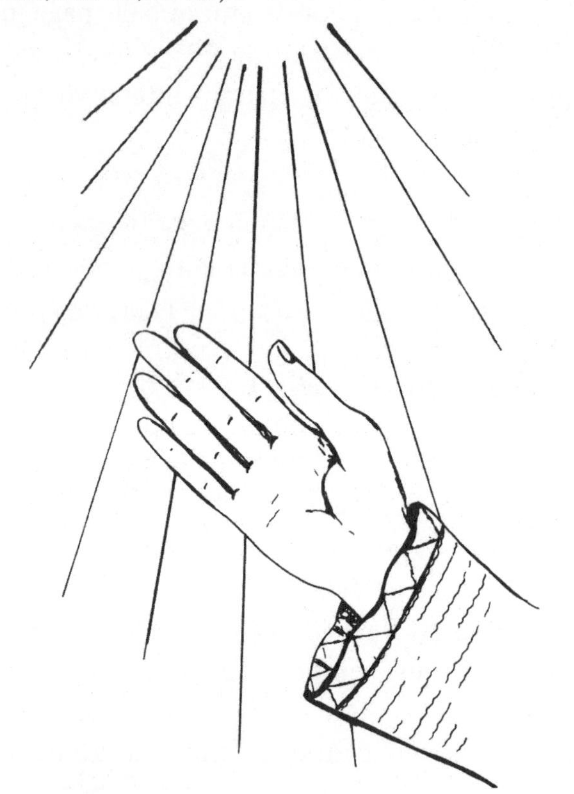

I. TEXTO BÁSICO

Aos domingos, todos os membros da família participavam da missa na matriz. No caminho, D. Clara pediu às crianças que prestassem muita atenção às leituras e às palavras do celebrante. Depois que Marcos e Vera terminaram de lavar a louça do almoço, Tio César convidou as crianças para uma conversa sobre o sermão daquele domingo.

Quando recebemos o Sacramento do Batismo nossos pais e padrinhos prometeram educar-nos na fé cristã. Ficando grandes e inteligentes, nós mesmos aceitamos seguir o caminho de Deus.

Todos os homens, em determinado momento de sua vida, encontram-se diante de dois caminhos: Um, que leva para Deus, e o outro que afasta de Deus.

Sim, na **Renovação das Promessas do Batismo**, nós mesmos prometemos escolher o caminho de Deus. Nós mesmos prometemos viver de acordo com os ensinamentos de Jesus Cristo. Nós mesmos prometemos amar muito a Deus e aos homens. Nós mesmos prometemos evitar sempre o pecado. Mas, apesar de nossas promessas, continuamos fracos. Apesar de nossa boa vontade, caímos no pecado.

Jesus Cristo, conhecendo nossa boa vontade e, ao mesmo tempo, nossa fraqueza, deixou-nos um sinal do seu perdão: O **Sacramento da Penitência**.

Mas, que é o Sacramento da Penitência?

O Sacramento da Penitência é o encontro com Jesus Cristo que nos dá o seu perdão através do padre.

A palavra **penitência** quer dizer **conversão** ou **mudança de vida**.

Mudamos de vida, quando deixamos o caminho do pecado e voltamos para Deus, praticando o bem que o Evangelho nos ensina.

Foi na tarde do dia da Páscoa que Jesus nos deu o grande presente do seu perdão. Os apóstolos estavam reunidos numa sala, com as portas e janelas fechadas.

De repente, Jesus apareceu no meio deles, dizendo: *"A paz esteja convosco"*. Em seguida, soprou sobre os apóstolos, dando-lhes o poder de perdoar os pecados. Jesus deu aos apóstolos o poder de perdoar os pecados, com estas palavras: *"Recebei o Espírito Santo. Os pecados que perdoardes, serão perdoados. Os pecados que não perdoardes, não serão perdoados"* (cf. Jo 20,22-23).

Jesus nos conhece e sabe que precisamos do seu perdão. Sim, Ele sabe que, sem o perdão de nossos pecados, nós viveríamos tristes e infelizes, como aquele "filho pródigo", longe da casa do pai (cf. Lc 15,14-19).

Mas poderíamos perguntar:

Se Deus está sempre pronto a perdoar, por que precisamos confessar nossos pecados ao padre? O padre não é um homem como os outros?

– É verdade que Deus está sempre pronto a perdoar e pode perdoar de muitas maneiras. É verdade também que o padre é um homem como os outros. Mas sabemos que Jesus Cristo deu à sua Igreja, na pessoa dos apóstolos, o poder de perdoar pecados. Ora, a Igreja determinou que o caminho normal para a gente alcançar o perdão de Deus fosse a confissão. Portanto, os bispos e padres, que são os sucessores dos apóstolos, têm o poder de perdoar pecados.

Além disso, nós recebemos esse perdão através da Igreja, porque os pecados não são apenas ofensas a Deus. Eles também prejudicam a harmonia que sempre deveria reinar entre nós, membros da Igreja. Por isso, confessando nossos pecados em comunidade, a um ministro da Igreja, nós restabelecemos, pela graça do perdão divino, esta harmonia.

E nós temos a obrigação de confessar todos os pecados que cometemos?

– Nós temos a obrigação de confessar todos os **pecados graves**. Quem comete um pecado grave nem pode receber a Comunhão antes de confessar-se (cf. 1Cor 11,27-29).

É bom a gente confessar também os pecados veniais. Mas isto nem sempre é possível. Em todo caso, antes de a gente comungar, é preciso fazer um sincero ato de arrependimento, rezando: **Perdoai os meus pecados** (cf. encontro n. 31, p. 71).

E quantas vezes temos a obrigação de receber o Sacramento da Penitência?

– O 2º mandamento da Igreja nos manda: **Confessar-se ao menos uma vez por ano** – "Ao menos"... Isto quer dizer: o bom cristão, sabendo que o sacramento aumenta a graça de Deus, procura receber **mais vezes** o perdão no Sacramento da Penitência.

II. ATIVIDADES

1ª – Para você responder e fixar em sua mente:

1. Que aconteceu quando recebemos o Sacramento do Batismo?
2. Que acontece com todos os homens em determinado momento de sua vida?
3. Que fez Jesus Cristo, conhecendo nossa boa vontade e também nossa fraqueza?
4. Que é o Sacramento da Penitência?
5. Se Deus está sempre pronto a perdoar, por que precisamos confessar nossos pecados ao padre? O padre não é um homem como os outros?
6. Nós temos a obrigação de confessar todos os pecados que cometemos?
7. Quantas vezes temos a obrigação de receber o Sacramento da Penitência?

2ª – CANTO: Muito obrigado, Senhor Jesus (p. 104).

III. PARA VOCÊ VIVER

Pelo meu Batismo, Jesus, faço parte da Igreja, a quem você confiou o Sacramento da Penitência. Ajude-me a compreender que é através da Igreja, por este sacramento, que você me dá o seu perdão.

31. Como receber o Sacramento da Penitência

(Lc 15,11-19; Mc 2,1-12)

I. TEXTO BÁSICO

Na hora do café da manhã, Marcos assim falou: – Gostaria tanto de saber onde papai e mamãe foram ontem à noite. – Muito simples, respondeu o pai: tua mãe e eu estivemos na igreja, recebendo o Sacramento da Penitência. Então, Vera interveio: – Ontem, minha professora falou justamente do Sacramento do Perdão. Antes, porém, lembrou que toda a desordem no mundo é causada pelo **pecado**. Foi D. Clara quem continuou a conversa:

– Quando Jesus estava neste mundo, pregando a sua doutrina, foi muito exigente diante do pecado. Chegou mesmo a falar nestes termos: *"Ai do mundo por causa do pecado. Se teu olho te faz cair no pecado, arranca-o e lança-o longe de ti. É melhor para ti entrares na vida eterna com um só olho do que, com dois, e seres jogado no fogo do inferno"* (cf. Mt 18,7-9).

Diante do pecado, Jesus, de fato, foi enérgico, mas diante do pecador Ele sempre se mostrou com o coração cheio de bondade.

Jesus perdoou a pecadora com estas palavras: *"Eu não te condenarei. Vai e não tornes a pecar"* (cf. Jo 8,1-11).

Lembremo-nos também de Zaqueu, aquele homem rico que prejudicava os pobres. Diante do sincero arrependimento de Zaqueu, Jesus assim falou:

"Hoje a salvação entrou nesta casa, pois eu vim buscar e salvar o que estava perdido" (cf. Lc 19,10).

Para Jesus não interessa o passado. Importa, sim, que, para o futuro, a pessoa mude a direção errada que está seguindo e volte para o amor de Deus e dos homens.

Sim, todos nós somos pecadores. Muitas vezes dizemos **não** a Deus, deixando de cumprir os seus mandamentos. Mas Jesus está sempre pronto a perdoar.

Para termos a certeza do perdão de Deus, precisamos fazer uma boa confissão.

Para fazermos uma boa confissão, devemos observar cinco pontos importantes:

1º – **Exame de Consciência**: Significa pensar seriamente, para saber como foram os nossos pensamentos, as nossas palavras, as nossas obras e as nossas omissões. (Fazer o exercício do Exame de Consciência à p. 98.)

2º – **Contrição ou arrependimento**: É a atitude daquele que se arrepende do seu pecado e volta para Deus. É o comportamento daquele que sente ter agido mal e quer se converter.

3º – **Propósito**: É a promessa que fazemos de evitar o pecado. É a promessa que fazemos de escolher sempre o caminho do amor de Deus e do próximo.

4º – **Confissão ou acusação**: É dizer os pecados ao padre. Nunca esquecer que o padre está no lugar de Jesus. O padre jamais poderá falar sobre aquilo que alguém lhe contou na confissão.

5º – **Reparação ou penitência**: É a oração que o padre manda rezar ou a boa obra que ele manda fazer, para repararmos o malfeito.

Na prática, para se receber bem o Sacramento da Penitência, a gente precisa observar os sete passos que seguem:

1º – Chegando junto ao padre, para contar-lhe os pecados, a gente faz o sinal da cruz: **Em nome do Pai e do Filho e do Espírito Santo**.

2º – O sacerdote nos acolhe com as palavras: **O Senhor esteja em teu coração, para que, arrependido, confesses os teus pecados**.

3º – Então a gente diz: **Padre pequei contra Deus e contra meus irmãos. Esta é a minha 1ª confissão (Faz... dias ou meses que fiz a minha última confissão). Os meus pecados são estes...** (Contar os pecados ao padre e terminar dizendo) – **São estes os meus pecados, padre. A Deus peço perdão e, ao sr., a absolvição**.

4º – Então o padre nos diz algumas palavras, mostrando que Deus é um Pai misericordioso que sempre está pronto a nos perdoar. Em seguida o padre nos dá uma penitência que pode ser **uma oração** para a gente rezar ou **uma boa obra** para a gente praticar.

5º – Assim que o padre nos dá a reparação ou penitência, a gente reza o **Ato de Contrição: Perdoai os meus pecados, ó meu Deus e meu Senhor. Sinto vos ter ofendido, bom Jesus, meu Salvador**.

6º – O padre, com a mão estendida, reza assim: **Deus, Pai de misericórdia, que pela morte e ressurreição de seu Filho reconciliou o mundo consigo, e enviou o Espírito Santo para a remissão dos pecados, te conceda, pelo ministério da Igreja, o perdão e a paz**.

Em seguida, o padre dá o perdão com estas palavras: **Eu te absolvo dos teus pecados, em nome do Pai, e do Filho, e do Espírito Santo**.

O padre faz a despedida, dizendo: **Vai em paz e Jesus te acompanhe**.

7º – Então a gente responde: **Muito obrigado, padre**.

II. ATIVIDADES

1ª – Para você responder e saber bem:

1. Todos nós somos pecadores?
2. Que precisamos fazer para termos a certeza do perdão de Deus?
3. Que devemos observar para fazermos uma boa confissão?
4. Que a gente precisa observar na prática, para se receber bem o Sacramento da Penitência?

2ª – CANTO: Há cinco pontos que ninguém deve esquecer (p. 105).

III. PARA VOCÊ VIVER

Senhor Jesus, sinceramente, quero evitar o pecado na minha vida. Mas sei que sou fraco e egoísta. Para vencer o pecado e viver sempre na graça de Deus, quero fazer bem as minhas confissões. E todas as noites quero rezar o Ato de Contrição: Perdoe os meus pecados...

32. Eucaristia - Sacramento do amor

Alimento - Sacrifício - Presença - Ação de graças

(Mt 26,17-29; Jo 6,35-51; 1Cor 11,23-26; Hb 9,13-14)

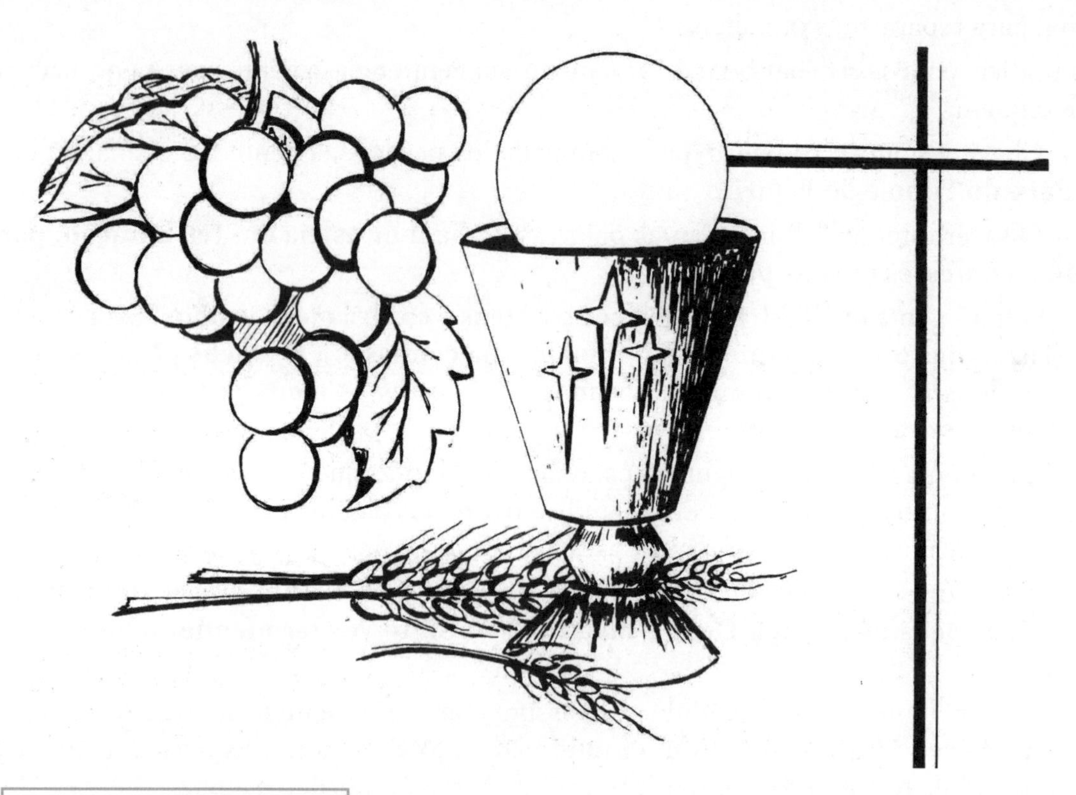

I. TEXTO BÁSICO

Os três filhos mais velhos da família do Sr. José foram convidados para celebrar o **Dia da Criança**, na escola. Todos os pais do lugar prepararam uma grande mesa. Havia comida, bebida, chocolate, balas, presentes e muita música. Era a refeição das crianças. E nas refeições sempre reina alegria, amizade e festa.

Sabemos que também Jesus, antes de morrer na cruz, preparou uma refeição para os seus apóstolos. Foi a Última Ceia. Na refeição da Última Ceia Jesus nos deu, como grande presente, o sacramento do seu corpo e do seu sangue: **A Eucaristia**.

Com que palavras Jesus instituiu a Eucaristia?

Jesus instituiu a Eucaristia com estas palavras:

"Tomai e comei. Isto é o meu corpo que será entregue por vós. Tomai e bebei. Isto é o meu sangue que será derramado por vós. Fazei isto para celebrar a minha memória" (cf. Mt 26,26-27; Lc 22,19-20).

A Eucaristia é o sacramento do corpo e do sangue de Jesus Cristo. Sacramento dado para ser o alimento da nossa vida espiritual.

Mas...

A Eucaristia não é só **alimento** para a nossa vida espiritual. A Eucaristia é também sacrifício, presença e ação de graças.

A Eucaristia é **sacrifício**, porque lembra e torna presente a Paixão do Senhor Jesus. O pão partido significa o Corpo de Jesus sacrificado por nós. O vinho separado significa o seu Sangue derramado na cruz.

Na Bíblia, as palavras Corpo e Sangue significam, de certo modo, o homem todo. Portanto, quer nos alimentemos do Corpo, quer nos alimentemos do Sangue, recebemos sempre Jesus inteiro.

A presença eucarística de Jesus no pão consagrado marca toda a vida da Igreja.

No pão e no vinho consagrados está realmente presente o próprio Jesus Cristo.

Mas será que Jesus Cristo está presente só no Sacramento da Eucaristia?

Não. Pela sua graça, Jesus está presente também nos outros sacramentos. E ainda mais:

- Jesus Cristo está presente na **Palavra da Escritura** (cf. Jo 5,39).
- Jesus Cristo está presente na **comunidade que reza** (cf. Mt 18,20).
- Jesus Cristo está presente **na pessoa do nosso irmão necessitado** (Mt 25,40).
- Jesus Cristo está presente **no sacerdote**, quando este celebra a santa missa, quando perdoa os pecados, quando celebra o Batismo ou outros sacramentos (cf. Lc 10,16).

Todas estas presenças de Jesus são importantes, mas especial atenção devemos dar **à presença de Jesus na Eucaristia**, a qual entre os 7 sacramentos é chamada **Santíssimo Sacramento**. É por isso que a Igreja aconselha muitas maneiras para adorarmos, agradecermos e louvarmos a Jesus, presente na Eucaristia.

Sim, na Igreja adoramos, agradecemos e louvamos a Jesus, presente na Eucaristia. E isto pela **celebração da missa**, pela **adoração ao Santíssimo**, pelas **visitas a Jesus Sacramentado**, pela **Bênção com o Santíssimo**, pela **procissão do Corpo de Deus**, pelos **congressos eucarísticos**.

Sabemos que, na Última Ceia, Jesus tomou o pão em suas mãos e **deu graças** a Deus Pai. Quando celebramos a Eucaristia, estamos agradecendo, estamos rendendo graças a Deus da melhor maneira possível. Isto porque quem rende graças a Deus Pai conosco é o próprio Jesus Cristo.

A palavra Eucaristia quer dizer agradecimento, ação de graças.

II. ATIVIDADES

1ª – Para você responder e gravar:

1. Com que palavras Jesus instituiu a Eucaristia?
2. Que é a Eucaristia?
3. A Eucaristia é só alimento para a nossa vida espiritual?
4. Por que a Eucaristia é sacrifício?
5. Quem está realmente presente no pão e no vinho consagrados?
6. Será que Jesus **está presente só** no Sacramento da Eucaristia?
7. Que quer dizer a palavra Eucaristia?

2ª – CANTO: Jesus Cristo está realmente (p. 105).

III. PARA VOCÊ VIVER

Jesus Cristo, presente na Eucaristia para ser nosso alimento, nosso sacrifício e nossa ação de graças, ajude-me a reconhecer e valorizar sempre esta sua presença no meio de nós. Muito obrigado por este grande sacramento.

33. Eucaristia - Sacramento da unidade e da fraternidade

(At 2,42-47; Jo 13,1-15; 1Cor 10,16-17)

I. TEXTO BÁSICO

Terminada a refeição das crianças, a diretora da escola anunciou: – Agora vai passar um filme muito bonito para todos vocês. Olhem o título. O cartaz apresentava em grandes letras a palavra família. Este filme mostrou para as crianças como, durante o dia, os membros de uma família se espalham: o pai vai trabalhar, alguns filhos vão para a escola, outros seguem para o serviço, a mãe arruma a casa e, às vezes, também trabalha fora.

Os primeiros cristãos, depois da morte de Jesus, viviam como em família. Todos se ajudavam, se queriam bem e juntos participavam da "Fração do Pão" ou Eucaristia.

"Fração do Pão" quer dizer partir o pão para comê-lo juntos, em **comunhão**, isto é, em **comum união**.

Os quatro pontos fundamentais que mantinham unidos os primeiros cristãos eram:

1º – O ensinamento de Jesus Cristo e dos apóstolos.

2º – As reuniões em comum.

3º – A celebração da Eucaristia.

4º – A oração (cf. At 2,42-47).

Sobre estas quatro grandes colunas nasceu o cristianismo. E a Eucaristia era o ponto alto da vida dos primeiros cristãos. A Eucaristia foi sempre o alimento dos primeiros cristãos, assim como ainda hoje é o nosso alimento, a nossa força.

O Povo de Deus, alimentado pela Eucaristia, caminha em direção ao céu.

Bem no começo da Igreja, a Eucaristia era celebrada nas casas de família e sempre na hora de uma refeição.

Ainda hoje a missa é celebrada sobre uma mesa que chamamos de altar. Isto nos lembra que somos uma família reunida em torno de uma mesa, para celebrarmos a refeição de Jesus ou Eucaristia.

Durante a missa, o celebrante nos convida para rezarmos juntos a **Oração da família** ou **Pai-nosso.**

São Paulo, na primeira carta que escreveu aos coríntios, perguntou: *"O pão que partimos não é a comunhão do corpo do Senhor? Uma vez que temos um único pão, embora sendo muitos, formamos um só corpo, porque todos comemos do mesmo pão"* (cf. 1Cor 10,16-17).

Sim...

A Eucaristia é o sacramento da unidade e da fraternidade.

Não podemos comungar com Deus sem primeiro comungar com os irmãos. **E comungar com os irmãos significa viver em paz e harmonia com todos.** Por isso mesmo, em cada missa, antes da Comunhão, o padre nos convida a saudar nossos vizinhos com o abraço da paz.

Jesus mesmo nos deu um grande exemplo de amor fraternal antes da Última Ceia: Tomou uma bacia e uma toalha e lavou os pés dos apóstolos, dizendo: *"Assim como eu vos dei o exemplo, vós devereis lavar os pés uns dos outros"* (Jo 13,12-15). Lavar os pés dos outros quer dizer saber ajudar, servir e amar.

Foi por ocasião da Última Ceia que Jesus nos deu o **"seu mandamento"**: *"Amai-vos uns aos outros, assim como eu vos amo. Nisto todos conhecerão que vós sois meus discípulos"* (cf. Jo 13, 34-35).

Sempre que participamos da Eucaristia, procuramos pôr em prática o grande desejo de Jesus: *"Pai, que todos sejam um, como nós somos um"* (cf. Jo 17,20-23).

II. ATIVIDADES

1ª – Para você responder e decorar:

1. Como viviam os primeiros cristãos depois da morte de Jesus?
2. Que faz o Povo de Deus, alimentado pela Eucaristia?
3. Podemos comungar com Deus sem primeiro comungar com os irmãos?
4. Quando foi que Jesus nos deu o seu mandamento?
5. Que devemos fazer sempre que participamos da Eucaristia?

2ª – Leia com seus pais o texto de At 2,42-47. Esta passagem bíblica nos mostra que a Eucaristia foi sempre o centro da união dos primeiros cristãos. Escreva, depois, no seu caderno, com suas próprias palavras, alguma coisa sobre a leitura que você fez.

3ª – CANTO: Fraternidade, mútua união (p. 105).

III. PARA VOCÊ VIVER

Jesus querido, quero ser um instrumento da sua paz. Ajude-me a ser bom e serviçal para com todos: em casa, na escola, em toda parte. Só assim poderei aproximar-me sempre de você, no sacramento da unidade e da fraternidade, que é a Eucaristia.

34. Como receber a Eucaristia

(Jo 6,35-51; 1Cor 11,17-29)

I. TEXTO BÁSICO

Era um domingo maravilhoso. Nenhuma nuvem manchava o azul do céu. As flores, que se abriam por toda parte, lembravam que era primavera. A família do Sr. José não voltou para casa, depois da missa. Aquele domingo seria um dia de passeio para todos. À hora do meio-dia, enquanto Carlinhos tomava a mamadeira, todos se sentaram para comer. D. Clara distribuiu um gostoso pão com manteiga, queijo e linguiça. O Sr. José entregou, para cada um, uma garrafa de refrigerante.

Todos precisamos de alimento para crescermos fortes e com saúde.

Além do alimento para o corpo, necessitamos do alimento para o espírito. Isto porque todos nós temos uma vida espiritual que precisa ser alimentada.

Jesus sabia disto. Antes de morrer, deixou-nos um alimento muito importante: a Eucaristia ou Comunhão, que é o alimento para a nossa vida espiritual.

Sim, na Última Ceia, Jesus se tornou o alimento espiritual dos apóstolos e de todos nós. Alimento que Jesus havia prometido um ano antes, depois da multiplicação dos pães, em Cafarnaum, quando assim falou:

"Eu sou o pão vivo que desci do céu. Quem comer deste pão viverá eternamente. E o pão que eu darei será a minha carne para a vida do mundo" (cf. Jo 6,51).

Jesus nos deixou o Pão da Vida, para crescermos na fé, no amor e na união com Deus e com os irmãos.

Podemos receber a Comunhão ou Eucaristia até diariamente, sempre que participamos da missa.

Para recebermos bem a Eucaristia, precisamos:

1º – **Estar em estado de graça**, na amizade com Deus, isto é, estar sem pecado grave e pedir perdão a Deus pelos pecados veniais cometidos.

2º – **Viver em paz e em harmonia com todos** os nossos semelhantes. Não guardar ódio contra ninguém. Ir ao encontro daquele que nos ofendeu (cf. Mt 5,23-24).

3º – **Ter fé**: acreditar que Jesus está realmente presente na Hóstia consagrada. Acreditar que Ele quer ser o alimento para a nossa vida espiritual.

4º – **Guardar o jejum eucarístico**: em sinal de respeito, a Igreja pede que fiquemos sem comer e beber uma hora antes de receber Jesus na Eucaristia.

5º – **Comungar com respeito e devoção**: aproximar-nos da Santa Hóstia como quem sabe que se aproxima de Deus. Fazer um convite para Jesus, dizendo: Venha, Jesus, eu preciso de você.

Quando recebemos a Comunhão, o padre diz: **"CORPO DE CRISTO"**. Nós, então, devemos responder "Amém", que quer dizer: **"SIM, CREIO"**.

Que devemos fazer depois da Comunhão?

Depois da Comunhão voltamos ao nosso lugar, para falar com nosso grande amigo. A nossa oração pode ser feita com estas palavras:

- Jesus, acredito em você. Jesus, eu adoro e amo você.
- Jesus, abençoe meus pais, meus irmãos, meus parentes e amigos.
- Ajude-me a ser obediente, estudioso, bom para com todos.
- Muito obrigado por você estar comigo na Eucaristia.

Assim rezando, agradecemos, adoramos, suplicamos e louvamos a Jesus, presente em nós, no Sacramento da Eucaristia.

– O Sacramento da Eucaristia pode ser chamado com outros nomes?

– **Sim, o Sacramento da Eucaristia pode ser chamado**: Comunhão, Santíssimo Sacramento, Pão dos Anjos, Corpo de Deus, Hóstia Santa, Maná do Céu, Pão Eucarístico, Jesus Sacramentado, Pão Divino, Sacramento do Altar.

II. ATIVIDADES

1ª – Para você responder e fixar bem:

1. De que necessitamos, além do alimento para o corpo?
2. Para que Jesus nos deixou o Pão da Vida?
3. Quando podemos receber a Comunhão ou Eucaristia?
4. Que precisamos para receber bem a Eucaristia?
5. Que devemos fazer depois da Comunhão?
6. O Sacramento da Eucaristia pode ser chamado com outros nomes?

2ª CANTO: Um rei fez um grande banquete (p. 105).

III. PARA VOCÊ VIVER

Jesus no Santíssimo Sacramento, eu acredito em você. Eu espero em você. Eu amo você de todo o meu coração. Com a ajuda de Nossa Senhora, quero estar sempre bem preparado para receber você na Eucaristia.

35. Vocação

Na Igreja todos somos chamados a viver nossa vocação

(Mt 28,16-20; Ef 4,7-16; Hb 3,1-5)

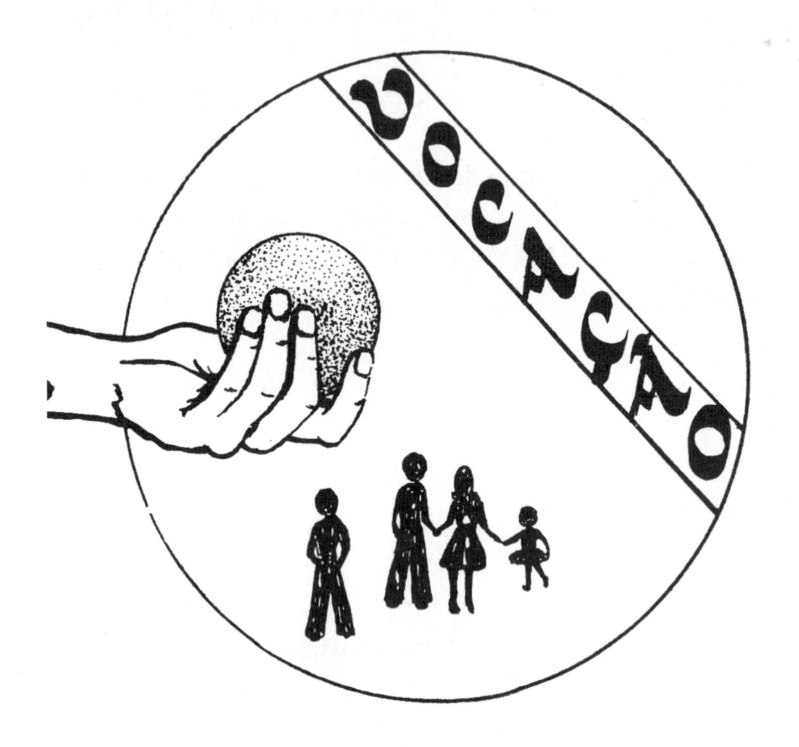

Caminhar servindo

O círculo maior representa o universo. – A esfera menor significa o mundo pessoal de cada um, ofertado num gesto de serviço à humanidade.

I. TEXTO BÁSICO

Voltando do passeio, a família encontrou uma carta embaixo da porta. Abrindo o envelope, D. Clara falou: – Escutem, são notícias de nossa grande amiga, Irmã Adelina. Terminada a leitura, Vera exclamou: – Ah! eu também quero ser Irmã, para cuidar das criancinhas sem pai e sem mãe, como Irmã Adelina. Marcos interveio: – Vera, para você ficar Irmã, precisa ter uma vocação especial.

– Vocação? Que é vocação?, perguntou Vera.

Vocação é um chamado especial de Deus que a pessoa sente em seu coração...

Na Igreja, todos somos marcados pela vocação cristã, que é fundamental:

Vocação cristã é o chamado a vivermos no Cristo, como Filhos de Deus, irmãos de todos os homens e senhores do mundo (cf. Ef 1,5; Mt 23,8; Gn 1,28).

Cada cristão vive esta vocação cristã dentro de um estado de vida e dentro de uma profissão. Assim, dentro de um estado de vida, temos a vocação de pai, de mãe e de solteiro. E, dentro de uma profissão, temos a vocação de agricultor, de pescador, de comerciante, de industrial, de médico, de professor e outras...

Sim, dentro da Igreja cada cristão tem a obrigação de realizar uma tarefa especial. Sempre que esta tarefa é feita com carinho e amor, o cristão está realizando a sua **vocação pessoal**.

Sabemos que a Igreja somos nós. Por isso, se cada um vive bem a sua vocação pessoal, a Igreja realiza sua **vocação universal**.

A vocação universal da Igreja é esta: fazer com que todos os homens se salvem em Cristo, vivendo o amor a Deus e ao próximo.

Além da vocação cristã e da vocação pessoal, temos a **vocação especial**. Vocação especial é a vocação para a vida sacerdotal e religiosa.

Jesus Cristo continua, ainda hoje, passando pelas nossas cidades, vilas, campos e sertões. Entra no palácio do rico, como na choupana do pobre e diz: *"Vem e segue-me"* (cf. Mc 2,13-14).

Milhares de padres estão seguindo Jesus na vocação sacerdotal: pregam a Palavra de Deus, celebram a missa, perdoam os pecados, dão catequese aos pequeninos, consolam os doentes, ajudam os pobres...

Também seguem Jesus, de modo especial os religiosos e religiosas. São Irmãos ou Irmãs de Caridade que vivem os três votos: pobreza, castidade e obediência.

Os religiosos e religiosas se consagram a Deus no serviço dos irmãos, em escolas, hospitais, asilos de velhinhos, lares de órfãos, jardins de infância...

Todos somos chamados por Deus para viver a nossa **vocação cristã**. Mas a alguns Deus dirige um chamado especial para a vida sacerdotal ou religiosa.

Sempre que ouvimos o chamado de Deus em nosso coração, respondamos como Maria Santíssima: *"Sim. Aceito. Faça-se em mim a vontade de Deus"* (cf. Lc 1,38).

Toda a vocação é um serviço.

A vocação mais acertada é aquela em que a pessoa consegue realizar um serviço em favor da humanidade.

É neste sentido que a vocação universal da Igreja é sempre uma vocação de serviço.

E Jesus quer que sua Igreja brilhe como a grande servidora da humanidade. Ele mesmo, **o grande vocacionado**, vindo a este mundo, proclamou:

"O filho de Deus não veio para ser servido, mas para servir" (cf. Mc 10,45).

Assim, dentro da Igreja, todos são chamados a viver sua vocação num contínuo: **Caminhar servindo**.

Para acertarmos bem na escolha de nossa vocação, devemos pedir sempre as luzes do Espírito Santo.

II. ATIVIDADES

1ª – Para você responder e fixar bem:

1. Que é vocação?
2. Que é vocação cristã?
3. Qual é a vocação universal da Igreja?
4. Que é vocação especial?
5. Que devemos pedir para acertarmos bem na escolha de nossa vocação?

2ª – Com a ajuda dos pais, copie os trechinhos da Bíblia que falam da nossa vocação cristã ou vocação fundamental: Ef 1,5; Mt 23,8; Gn 1,28.

3ª – CANTO: A juventude do Povo do Senhor (p. 105).

III. PARA VOCÊ VIVER

Divino Espírito Santo, ajudai-me a descobrir qual é a minha vocação na Igreja. Dai-me a vossa graça, para eu responder **sim** ao sentir que Deus me chama.

36. Maria Santíssima

Na Igreja temos uma mãe em comum

(Lc 1,26-50)

I. TEXTO BÁSICO

Era o 2º domingo de maio. Papai acordou as crianças mais cedo para festejarem o dia da mamãe. Em nome de toda a família, a menorzinha, Rita, ofereceu à mamãe um lindo terço. Enquanto D. Clara admirava o presente, as crianças cantaram:

Mamãe, neste dia, queremos cantar: /Com grande alegria teu nome exaltar/ unidos aos anjos que dizem: Amém,/ é festa no céu e na terra também.

Como é importante a presença da mãe dentro do lar. É ela que cuida da casa, que prepara a comida, que lava a roupa. Dentro da família, a mãe só pensa no marido e nos filhos. Na família, a presença da mãe é amor, felicidade e alegria.

Na **família de Deus**, a Igreja, também temos uma **Mãe**: Maria Santíssima.

Quando Jesus estava morrendo na cruz, viu sua mãe e perto dela o discípulo João.

Jesus disse para sua mãe: *"Mulher, eis aí teu filho"*.

Depois Jesus falou ao discípulo: *"João, eis aí tua mãe"* (cf. Jo 19,25-27).

Sabemos que João, ao pé da cruz, representou cada um de nós. E, como nós somos Igreja, podemos afirmar:

Maria Santíssima é a Mãe de Jesus, é a Mãe de cada um de nós e é também a Mãe da Igreja.

Dizemos que Maria Santíssima é nossa Mãe porque:

- ela nos leva sempre mais perto do Pai do Céu;
- ela nos mostra o caminho de seu Filho Jesus;
- ela nos ajuda a escutarmos o Espírito Santo que fala dentro de nós.

Maria Santíssima, como uma boa Mãe, tudo faz por nós, porque nos quer ver felizes nesta terra e no céu.

Mas, para sermos realmente felizes, precisamos imitar o exemplo de Maria. Diante de Deus, Maria Santíssima dizia sempre **sim**. *"Faça-se a vossa vontade, pai do céu"* (cf. Lc 1,38).

E quem diz sim a Deus, também diz **sim** aos homens, quando nos convidam para o bem. A vida de Maria Santíssima foi um verdadeiro ato de amor a Deus e a todos os homens.

Nós costumamos chamar Maria de muitas maneiras, **dando-lhe os nomes mais diversos**: Rainha do Céu, Mãe da Divina Graça, Nossa Senhora de Fátima, N. Sra. Aparecida, N. Sra. dos Navegantes e outros.

Também costumamos chamar Maria de Nossa Senhora. Por quê? Porque ela é Mãe de Jesus Cristo, que é Nosso Senhor.

Quando terminou o Concílio Vaticano II, o Papa Paulo VI proclamou solenemente que **Maria Santíssima é a Mãe da Igreja**.

II. ATIVIDADES

1ª – Para você responder e gravar:

1. Quem é Maria Santíssima?
2. Por que dizemos que Maria Santíssima é nossa Mãe?
3. Que faz por nós Maria Santíssima?
4. Como nós costumamos chamar Maria?
5. Quando terminou o Concílio Vaticano II, que fez o Papa Paulo VI?

2ª – Maria Santíssima deseja que todos façam aquilo que Jesus quer. Copie o trechinho da Bíblia que nos fala disso: cf. em Jo 2,5.

____

____

____

3ª – Para você rezar:

Ave Maria, cheia de graça, o Senhor é convosco.

Bendita sois vós entre as mulheres e bendito é o fruto do vosso ventre, Jesus. Santa Maria, mãe de Deus, rogai por nós pecadores, agora e na hora de nossa morte. Amém.

4ª – CANTO: Pelas estradas da vida (p. 105).

III. PARA VOCÊ VIVER

Quero imitar Nossa Senhora na sua fé, na sua esperança, na sua caridade e na sua vida de oração. Como Maria, quero sempre responder **sim** a Deus.

37. O Povo de Deus

Na Igreja somos Povo de Deus em marcha

(Mt 16,13-20)

I. TEXTO BÁSICO

A família estava reunida na sala de visitas. D. Clara embalava Carlinhos em seus braços. O Sr. José acabava de pendurar um quadro na parede. As crianças olharam o quadro e disseram: – Que bonito! Não é a fotografia do papa? – Sim, vocês acertaram. É a fotografia do chefe da nossa Igreja. E D. Clara, vendo que Carlinhos havia adormecido, continuou:

– Certa ocasião, Jesus perguntou a seus discípulos: **"Quem sou eu para as pessoas que conheceis?"**

Pedro respondeu: – **"Tu és o cristo, filho de Deus vivo"**. Então...

Jesus fez de São Pedro o primeiro chefe de sua Igreja, com estas palavras: *"Tu és pedro e sobre esta pedra edificarei a minha Igreja. O inferno nada poderá fazer contra a Igreja. Recebe as chaves do Reino dos Céus. Tudo o que ligares na terra, no céu será ligado. E tudo o que desligares na terra, no céu será desligado"* (cf. Mt 16,13-20).

O chefe visível da Igreja hoje é **Papa Francisco**.

Mas será que o papa é o único responsável pela Igreja no mundo?

Não, o responsável pela chefia da Igreja no mundo inteiro é o papa junto com os bispos.

A união do papa com os bispos chama-se **Colégio Episcopal**.

O **bispo**, que às vezes tem um título de honra, como **arcebispo** ou **cardeal**, é responsável por uma parte da Igreja, chamada **diocese**.

Na diocese, o bispo representa o papa. A diocese, por sua vez, divide-se em partes menores, chamadas paróquias.

Cada paróquia tem à sua frente um sacerdote que representa o bispo: é o padre vigário. O padre vigário, em geral, é ajudado por outros sacerdotes: os padres coadjutores.

Mas o vigário precisa de muita gente para ajudá-lo na paróquia:

1° – **Os diáconos**: são homens casados que podem distribuir a Eucaristia, fazer a pregação, batizar, abençoar os esposos no matrimônio, acompanhar os enterros, etc.

2° – **Os religiosos e as religiosas**: são pessoas que se consagraram a Deus e que se dedicam de modo especial aos irmãos mais necessitados, na pessoa dos jovens, das crianças, dos velhinhos, dos pobres e dos enfermos.

3° – **Os Ministros da Eucaristia**: são homens ou mulheres que ajudam o padre na distribuição da Eucaristia, não só na missa, mas também nas casas, onde se encontram pessoas idosas ou doentes.

4° – **Os catequistas**: são pessoas que dão catequese, preparando as crianças para o seu encontro com Jesus na Eucaristia.

Podemos citar ainda outros tantos **agentes de pastoral**:

Legionários, cursilhistas, Movimento Familiar Cristão, Equipes de Nossa Senhora, Apostolado da Oração, grupos ou movimentos de jovens e outras associações...

Todos pertencemos ao **Povo de Deus**, a **Igreja**. Todos precisamos trabalhar para que cada membro deste Povo de Deus cresça na fé, na esperança e no amor.

Todos juntos somos o Povo de Deus que marcha em direção à Terra Prometida: o céu. Seguimos alegres e seguros da vitória final, porque Cristo, nosso Chefe e Maria, Mãe da Igreja, caminham à nossa frente.

II. ATIVIDADES

1ª – Para você responder e gravar bem:

1. Que respondeu Pedro, quando Jesus perguntou: "Quem sou eu para as pessoas que vós conheceis?"
2. Com que palavras Jesus fez de São Pedro o 1° chefe de sua Igreja?
3. Quem é o chefe visível da Igreja, hoje?
4. O papa é o único responsável pela chefia da Igreja?
5. Quem é o bispo?

2ª – Leia junto com os seus pais o trecho da Bíblia em Mt 16,13-20.

3ª – CANTO: Juntos como irmãos, membros da Igreja (p. 106).

III. PARA VOCÊ VIVER

Quero ser um cristão responsável dentro da Igreja. Como membro do Povo de Deus, quero respeitar os meus chefes, colaborando sempre com o papa, com meu bispo, com meu vigário. Assim, todos juntos, caminharemos cada dia em direção à Terra Prometida: o Céu.

38. Morte - juízo - inferno - céu

E depois da morte... que nos espera?

(2Cor 5,1-10; 1Cor 15,51-52)

I. TEXTO BÁSICO

Toda família vive momentos de grande alegria e felicidade. Mas, quando menos se espera, pode vir a tristeza, a doença e até a morte. Foi o que aconteceu na família do Jorge. A vovozinha, D. Marta, morreu, e todos choraram muito a sua morte. O corpo da vovó foi levado ao cemitério. Desceu à sepultura num caixão coberto de flores, enquanto todos cantavam: "Com minha mãe estarei, na Santa Glória um dia..."

E depois da morte, que nos espera? A resposta de Jesus nos enche de esperança: *"Eu sou a ressurreição e a vida. Aquele que crê em mim, ainda que esteja morto, viverá"* (Jo 11,25).

Todos nós havemos de morrer um dia, isto é certo. Mas, quando morreremos? – Ninguém sabe. Pode ser hoje, pode ser daqui a 70 ou mais anos.

Jesus disse que a morte virá como um ladrão, sem avisar a hora da chegada. Por isso, precisamos estar sempre preparados, **permanecendo em estado de graça**.

Preparados com aquela **veste branca** que recebemos no dia do nosso batismo. Preparados com a **lâmpada da fé** acesa em nossas mãos.

Sabemos pela Bíblia que a morte não é o fim de tudo. *"Nossa vida não é tirada, mas apenas transformada"* (cf. Fl 3,21; 1Cor 15,51-52).

A morte é a passagem para a vida que nunca termina: A vida eterna.

A Bíblia também nos disse que depois da morte virá o juízo.

No juízo que virá depois da morte seremos julgados por Deus: a luz de Deus tomará conta de nós, e perceberemos claramente todo o bem e todo o mal que fizemos durante nossa vida (Hb 9,27; 2Cor 5,10).

Compreenderemos também que o julgamento de Deus é sempre justo.

Ora, Deus nos criou para sermos sempre felizes, não só nesta vida, mas principalmente na vida que começa depois da morte.

Todos somos convidados a entrar na plena posse do Reino do Céu, depois da nossa morte.

Mas...

Para entrar na **Casa do Pai do Céu** é preciso a gente amar muito a Deus e a todos os homens, já aqui na Terra.

Infelizmente, há pessoas que não amam ninguém. Pessoas que guardam ódio no seu coração. Pessoas que só querem prejudicar os outros. Essas pessoas são inimigas de Deus, **vivem em estado de pecado grave**.

Essas pessoas vivem longe de Deus aqui na Terra e, morrendo, continuam afastadas de Deus também na outra vida. E isto se chama inferno.

Inferno significa viver longe de Deus para sempre. E viver longe de Deus para sempre quer dizer: viver no castigo, no ódio e no sofrimento (Mt 25,41; Lc 16,23-24).

Tanto o céu como o inferno começam aqui e agora. Deus nos criou livres e respeita a nossa liberdade: somos nós que escolhemos o céu ou o inferno para a nossa eternidade.

Mas se morrermos com **pecados leves** ou **veniais** apenas, que nos acontecerá? Iremos para o inferno? — Não, para isso existe o purgatório.

Purgatório é o sofrimento que nos purifica depois da nossa morte, para podermos entrar sem pecado na casa de Deus Pai (Mt 12,32; 2Mc 12,43-46).

No **céu**, o bom Deus nos receberá com as palavras: *"Vem, servo bom e fiel. Entra na alegria do teu Senhor"* (cf. Mt 25,23).

II. ATIVIDADES

1ª – Para você responder e guardar para a vida:

1. Que é a **morte**?
2. Que acontecerá no **juízo** que virá depois da morte?
3. Que é preciso a gente fazer para entrar na **Casa de Deus Pai**?
4. Que significa **inferno**?
5. Que é o **purgatório**?

2ª – No Evangelho de São João capítulo 5, versículos 24 a 29, Jesus fala da morte, do juízo e da vida eterna. Com seus pais, leia este texto bíblico e faça um pequeno resumo para passar a limpo em seu caderno.

3ª – CANTO: Cristo vai voltar (p. 106).

III. PARA VOCÊ VIVER

Senhor, meu Deus, fazei que, quando eu morrer, esteja na vossa amizade, na vossa graça, para poder ser feliz convosco na vida que nunca termina.

Maria, mãe querida, **"rogai por nós pecadores, agora e na hora de nossa morte"**. Amém.

39. Vinde, benditos de meu Pai
Todos seremos julgados pelo amor

(Mt 25,31-46)

I. TEXTO BÁSICO

A querida vovozinha, D. Marta, depois de receber o **Sacramento da Unção dos Enfermos**, fechou os olhos para esta vida. Agora, seu corpo descansa no cemitério, ao lado da igreja. Na oração da noite, toda a família pediu a Deus que desse para a vovó as alegrias do céu. Terminada a oração, Vera exclamou: – Na hora do enterro, no cemitério, o padre falou do julgamento que nos espera depois da morte...

– Gostaria tanto de ter visto como foi o julgamento da vovó, quando apareceu na presença de Deus... D. Clara interveio:

– Penso que não é difícil imaginar como foi o julgamento dela...

Todos nós conhecemos bem a vida de Vovó Marta. Ela sempre teve um grande coração para todos. Ela nunca julgou nem condenou ninguém. Ora...

A respeito do julgamento, Jesus falou assim: *"Não julgueis e não sereis julgados, não condeneis e não sereis condenados, perdoai e sereis perdoados"* (Lc 6,37).

Com outras palavras, a verdade é esta: nossa falecida vovó deve ter passado muito bem no julgamento. Ela já deve ter recebido de Deus a recompensa pelo amor que praticou em todos os dias de sua vida; pelo amor que distribuiu a tantas pessoas que encontrou em seu caminho.

Vera, então, perguntou: – Quer dizer que todos seremos julgados pelo amor?

– Justamente, confirmou o pai:

– Na terra, cada um prepara o céu. E o céu é a participação na vida e no amor de Deus. Isto confirma uma grande verdade:

"Todos nós seremos julgados pelo amor com que tivermos tratado os outros". Nosso comportamento para com os outros decidirá a nossa vida eterna.

Quando comparecermos diante de Deus para o julgamento, Jesus Cristo nos receberá com as palavras:

"Vinde, benditos de meu Pai, tomai posse do reino que vos está preparado desde a criação do mundo, porque:

Tive fome e me destes de comer; tive sede e me destes de beber; era peregrino e me acolhestes; nu e me vestistes; enfermo e me visitastes; estava na prisão e viestes ver-me;

Sim, todas as vezes que fizestes isto a um destes meus irmãos mais pequeninos, foi a mim que o fizestes" (cf. Mt 25,34-40).

O que nos salvará não será o nosso título de batizado, mas a nossa maneira de tratar cada um de nossos semelhantes como se eles fossem o próprio Jesus.

Sim, quem vive o amor do próximo entra facilmente na Casa do Pai do Céu. Quem vive o amor a Deus nos irmãos é santo. Todos nós somos chamados para sermos santos já aqui na Terra.

Mas, quem são os santos?

Os santos são homens e mulheres como nós e que, na sua vida diária, esforçaram-se para seguir a Cristo no caminho do amor. Assim temos:

São José: viveu como humilde carpinteiro e foi o pai adotivo de Jesus.

Santa Zita: foi uma simples empregada doméstica.

São Vicente: foi um padre muito dedicado aos pobres, doentes e encarcerados.

Santa Maria Goretti: foi uma jovem que preferiu morrer a cometer o pecado.

E não podemos esquecer aqui, é claro, **Maria Santíssima**. Ela, como ninguém, soube amar a Deus e aos irmãos com todas as suas forças. Por isso mesmo, foi no céu exaltada como a Rainha de todos os Santos.

Os santos que estão no céu podem nos ajudar, pedindo a Deus por nós que ainda lutamos e sofremos nesta Terra.

E nós, por nossas boas obras e orações, podemos ajudar as almas do purgatório, a fim de que mais depressa entrem na Casa do Pai do Céu.

Existe, de fato, uma grande união entre os que estão no Céu, no Purgatório e na Terra. Esta unidade se chama Comunhão dos Santos.

Comunhão dos Santos é a união que existe entre os santos que estão no céu (Igreja Triunfante), os santos que estão no purgatório (Igreja Padecente) e os santos que estão na Terra (Igreja Militante).

II. ATIVIDADES

1ª – Para você responder e saber bem:

1. Que falou Jesus a respeito do julgamento?
2. Como seremos julgados todos nós?
3. Que nos salvará?
4. Quem são os santos?
5. Que é Comunhão dos Santos?

2ª – A Bíblia nos conta a história de um homem rico. Este foi condenado, porque não teve amor para com o pobre Lázaro que estava faminto e doente. Abra a Bíblia em Lc 16,19-31 e leia este trecho com seus pais. Depois você contará esta história a seus colegas de catequese.

3ª – CANTO: Vinde, benditos de meu Pai ou Onde o amor e a caridade (p. 106).

III. PARA VOCÊ VIVER

Senhor, meu Deus, Vós me dissestes que serei julgado pelo amor. Peço-vos a graça de tratar sempre com muito amor todos os meus semelhantes, principalmente os pobres, os doentes, os presos, os viciados e os abandonados.

40. O céu

A herança dos que seguiram fielmente a Jesus Cristo

(Mt 5,3-12)

I. TEXTO BÁSICO

Numa noite de dezembro, noite iluminada pela luz das estrelas, que cintilavam no azul do firmamento, a família sentou-se na varanda para cantar. E todos começaram: "A minha alma tem sede de Deus, pelo Deus vivo anseia com ardor. Quando irei ao encontro de Deus e verei tua face, Senhor?"

Dentro de cada um de nós, existe uma grande saudade de Deus. Isto porque fomos criados para ser felizes, e a verdadeira felicidade só podemos encontrar em Deus.

Todos os santos que estão agora no céu, quando ainda estavam nesta terra, sofreram por causa deste sentimento de saudade.

Um destes santos, chamado Santo Agostinho, escreveu:

"Fomos criados para Deus. Por isso nosso coração sofre enquanto não estiver para sempre com Deus" (cf. Confissões 1,1).

Certa vez, uma grande multidão se aproximou de Jesus, para escutar suas palavras. Todos queriam aprender o segredo da felicidade que transbordava do coração de Jesus.

E o Mestre falou assim:

"Felizes os que têm um coração de pobre, porque deles é o Reino do Céu".

"Felizes os que têm fome e sede de justiça, porque serão saciados. Felizes os mansos, porque possuirão a terra. Felizes os misericordiosos, porque alcançarão misericórdia. Felizes os que têm um coração puro, porque verão a Deus" (cf. Mt 5,3-8).

Notemos bem: Jesus falou: **"FELIZES... PORQUE VERÃO A DEUS"**. E só pode **ver a Deus** quem tem um coração de pobre, um coração puro, um coração cheio de paz e bondade, um coração repleto da graça de Deus.

Ver a Deus quer dizer: estar com Deus numa felicidade que nunca terminará. Isto é viver no céu.

Mas, que é o céu?

Céu é estar muito feliz com Deus, na glória eterna.

Sim, pela fé nós já podemos ver a Deus nesta vida, mas é sobretudo na vida eterna que nos será dado ver a Deus assim como Ele é.

São Paulo nos contou em suas cartas que, certa ocasião, foi arrebatado em espírito até o céu. Voltando a si, este apóstolo nos revelou alguma coisa das maravilhas que tinha presenciado. São estas algumas de suas palavras:

"Estou convencido de que os sofrimentos desta vida não são nada em comparação com a glória imensa que nos será dada no céu" (cf. Rm 8,18).

"Sabemos que todas as coisas concorrem para o bem daqueles que amam a Deus, daqueles que são os eleitos de Deus" (Rm 8,28).

"Os olhos não viram, nem os ouvidos ouviram, nem o coração jamais sentiu o que Deus tem preparado para aqueles que o amam" (cf. 1Cor 2,9).

Com efeito...

A chave de ouro que nos abrirá as portas do céu, onde todos veremos a Deus assim como Ele é, onde todos seremos felizes para sempre, é o **amor**.

E São João Evangelista, na sua 1ª carta, nos escreveu:

"Deus é amor. Quem permanece no amor, permanece em Deus, e Deus nele" (1Jo 4,16).

No céu, portanto, a felicidade dos eleitos consistirá em viver com plenitude o Amor que é o próprio Deus: **O Pai, o Filho e o Espírito Santo**.

II. ATIVIDADES

1ª – Para você responder e guardar:

1. Que existe dentro de cada um de nós?
2. Que quer dizer ver a Deus?
3. Que é o céu?
4. Nós já podemos ver a Deus nesta vida?
5. Qual é a chave de ouro que nos abrirá as portas do céu?
6. Que nos escreveu São João Evangelista na sua 1ª carta?

2ª – O Apóstolo São Paulo, sentindo que a hora da morte se aproximava, escreveu ao seu amigo Timóteo, falando da esperança que ele tinha na vida eterna. Copie no seu caderno este lindo trecho da 2ª Carta de São Paulo a Timóteo, capítulo 4, versículos 6 a 8.

3ª – CANTO: Criastes-me para Vós, ó meu Deus, por isso meu coração estará sempre inquieto,
Até que descanse em Vós, até que descanse em Vós. **ALELUIA**! (4 x)

III. PARA VOCÊ VIVER

Senhor, meu Deus, Vós me criastes para participar de vossa felicidade no céu. E o céu começa aqui e agora. Dai-me um coração de pobre, um coração puro, um coração cheio de paz e bondade, um coração repleto da vossa graça, para que eu possa contemplar-vos, já nesta terra, e sobretudo no céu.

Apêndice

1. Celebração eucarística

1.1. Missa: Celebração da morte e ressurreição de Jesus

I. TEXTO BÁSICO

Quando Jesus celebrou a Última Ceia no Cenáculo, os apóstolos não sabiam que estavam celebrando a 1ª missa.

A 1ª missa foi celebrada por Jesus Cristo na Quinta-feira Santa, véspera de sua Paixão e Morte (cf. Lc 22,19-20).

O cordeiro imolado que estava sobre a mesa, na Última Ceia, representava o Cordeiro de Deus que veio para tirar o pecado do mundo: Jesus Cristo.

No dia seguinte, ou seja, na Sexta-feira Santa, o Cordeiro de Deus seria imolado no altar do Calvário. Por isso se diz que:

A missa é a celebração da morte e da ressurreição de Jesus Cristo.

E com o acontecimento da morte e ressurreição de Cristo, começou a Nova Páscoa. Esta festa no Antigo Testamento lembrava a libertação do povo de Israel no Egito. Mas com a morte do Novo Cordeiro, Jesus Cristo, a Festa da Páscoa recorda e torna presente a nossa libertação da escravidão do pecado (cf. 1Cor 5,7-8).

Depois de transformar o pão no seu Corpo e o vinho no seu Sangue, Jesus deu aos apóstolos o poder de fazerem o mesmo que Ele tinha feito, isto é:

Jesus deu aos apóstolos o poder de celebrarem a missa com estas palavras: *"Fazei isto para celebrar a minha memória"* (1Cor 11,23-26).

Sabemos que o 3º Mandamento da Lei de Deus é: **"Guardar os Domingos e Festas de Guarda".** Ora, a Igreja, querendo ajudar-nos a cumprir este mandamento, lembra-nos que temos a obrigação grave de participar da santa missa aos domingos e dias santos, sempre que possível.

Quando participamos com fé e devoção da santa missa, nós estamos adorando, agradecendo e suplicando a Deus **da melhor maneira possível**. Isto porque a missa é a adoração, o agradecimento e a súplica do próprio Jesus Cristo.

A pessoa mais importante da missa é sempre **Jesus Cristo**.

Sim, é Ele o grande Sacerdote que no altar se oferece a Deus Pai por nossa salvação. Por isso mesmo, acreditamos que a missa tem valor infinito.

Mas, com o próprio Jesus Cristo, participam da missa de um modo especial:

a) **O Celebrante**: É o padre que usa vestes especiais chamadas paramentos. Ele ocupa o 1º lugar na missa, e isto porque ele representa o Senhor Jesus.

b) **Os concelebrantes**: São outros padres que, em ocasiões mais solenes, rezam a missa junto com o celebrante principal. Este, às vezes, é o próprio bispo.

c) **Os comentaristas**: São aqueles que orientam os movimentos, os gestos e as orações dos fiéis durante a missa.

d) **Os leitores**: São aqueles que leem as leituras da missa, anunciando a Palavra de Deus.

e) **Os acólitos ou coroinhas**: Em geral são jovens ou meninos que prestam algum serviço ao celebrante no altar.

f) **Os cantores**: São pessoas encarregadas do canto coral, para tornar a celebração mais festiva.

g) **O povo**: Não só está presente, mas participa da missa pelas orações, pelos cantos, aclamações, atitudes, posições e gestos.

II. ATIVIDADES

1ª – Para você responder no seu caderno e decorar:

1. Quando foi celebrada a 1ª missa?
2. Que é a missa?
3. Com que palavras Jesus Cristo deu aos apóstolos o poder de celebrarem a missa?
4. Que fazemos quando participamos com fé e devoção da santa missa?
5. Quem é a pessoa mais importante da missa?
6. Diga o que sabe a respeito de outras pessoas que participam da missa de um modo especial:

– o celebrante – os comentaristas – os leitores
– os acólitos ou coroinhas – os cantores – o povo.

2ª – Desenhe uma vela atrás das palavras que nos ajudam a participar bem da missa. E desenhe uma pequena nuvem atrás das palavras que atrapalham a nossa participação na missa.

rezar rir cantar mascar chiclete correr

brincar falar com o vizinho comungar olhar para todos os lados

3ª – CANTO: Na Última Ceia Jesus disse assim (p. 103).

III. PARA VOCÊ VIVER

Meu Deus, sempre que possível, quero participar com fé e devoção da santa missa.

Vou lembrar-me sempre de que a missa é a melhor oração que eu posso fazer, junto com Jesus.

1.2. Missa: Celebração da nova e eterna aliança

I. TEXTO BÁSICO

Para os primeiros cristãos, a missa se chamava **"Fração do Pão"**.

"Fração do Pão" quer dizer partir o pão para comê-lo juntos, em Comunhão, isto é, em comum união (cf. At 2,42).

Ora, comungar é receber juntos o Pão da Eucaristia. E para **comungar com Jesus na Eucaristia** é preciso também **comungar com os irmãos na caridade** (cf. Mt 5,23-24).

1. Os gestos e as atitudes na missa:

Os gestos e as atitudes são muito importantes na missa, porque representam a união que deve reinar entre todos os que dela participam.

a) **O sinal da cruz**: Com este gesto começa e termina a missa. O sinal da cruz é a profissão de fé no Mistério da Santíssima Trindade.

b) **De pé**: Estar de pé na missa quer dizer ter a dignidade de quem ressuscitou com Cristo para uma vida nova.

c) **Sentado**: Ficar sentado na missa quer dizer ficar atento, para acolher a Palavra de Deus.

d) **De joelhos**: Ajoelhados, todos adoram e suplicam a Deus (cf. Mt 2,11; Jo 9,38).

e) **Em procissão**: Todos unidos caminham. Cristo vai à frente, e o Povo de Deus segue em marcha para a Terra Prometida: o céu.

2. Os ritos de introdução:

Bem no começo da missa, antes das leituras, temos os **ritos de introdução**:

– Eu pecador, me confesso...

– Senhor, tende piedade de nós...

– Glória a Deus nas alturas...

– Oração...

Depois da oração temos as duas partes principais da missa:

3. Liturgia da Palavra e Liturgia eucarística

a) Liturgia da Palavra é a parte da missa que começa com a primeira Leitura e vai até o Ofertório.

Na Liturgia da Palavra, Deus nos alimenta com a sua Palavra que está nas leituras da missa e nas palavras vivas do celebrante.

b) **Liturgia eucarística** é a parte da missa que vai do Ofertório até a Comunhão.

No ofertório, o celebrante **apresenta** a Deus o pão e o vinho trazidos pela comunidade. E ao mesmo tempo **agradece** por estas ofertas que serão transformadas na Consagração. Por isso mesmo, a Consagração é o momento mais importante da santa missa.

No momento mais importante da missa, na Consagração, o pão e o vinho são transformados no **Corpo e Sangue** de Jesus. Como acontece isto?

O celebrante, que está no lugar de Jesus, toma em suas mãos o pão e diz: *"Tomai e comei, todos vós. Isto é o meu corpo que será entregue por vós".*

Do mesmo modo, o celebrante toma em suas mãos o cálice com vinho e diz: *"Tomai e bebei, todos vós: este é o cálice do meu sangue, o sangue da nova e eterna aliança, que será derramado por vós e por todos os homens, para o perdão dos pecados. Fazei isto para celebrar a minha memória"* (cf. Mt 26,26-28; 1Cor 11,23-26).

Sim, antes da Consagração tínhamos sobre o altar pão e vinho. Depois da Consagração temos o **Corpo** e o **Sangue** de Jesus Cristo.

As duas partes da missa: **Liturgia da Palavra** e **Liturgia eucarística** são igualmente importantes e necessárias. Na **Liturgia da Palavra**, Deus nos alimenta com a sua Palavra; e, na **Liturgia eucarística** Jesus mesmo se torna nosso alimento.

Na **Comunhão** nós recebemos Jesus, quando das mãos do sacerdote recebemos a Hóstia consagrada.

A **Comunhão** nos une sempre mais a Deus e a todos os nossos irmãos. De fato, Comunhão quer dizer **comum união**.

Depois da Comunhão temos:

4. Os ritos de despedida

Abençoando o povo, o sacerdote diz: "Vamos em paz e o Senhor nos acompanhe".

A missa está terminada. A família de Deus sai da igreja com vontade de viver melhor a sua missão de caridade, bondade, fidelidade...

Toda missa é celebração da Nova e Eterna Aliança.

Toda missa é Páscoa.

II. ATIVIDADES

1ª – Para você responder no seu caderno e gravar em seu coração:

1. Os gestos e as atitudes são muito importantes na missa? Por quê?
2. Que é a Liturgia da Palavra?
3. Que sabe sobre a Liturgia eucarística?
4. Que acontece no Ofertório da missa?
5. Que sabe a respeito do momento mais importante da missa?
6. Que acontece na Comunhão?

2ª – CANTO: Nós somos a família do Senhor (p. 103).

III. PARA VOCÊ VIVER

Senhor Jesus, ajude-me a participar bem da santa missa. Quero fazer alguma coisa para que meus irmãos e amigos também participem. Todos nós precisamos tanto do alimento que você nos deixou, na mesa da Palavra e na mesa da Eucaristia.

2. Celebração - Acolhida da criança na comunidade*

Canto: 1. Vamos caminhando lado a lado, *Somos teus amigos, ó Senhor.
Tua amizade é nossa alegria, *Por isso, te louvamos, com amor.
2. Cristo é modelo de amizade, *Pois nos deu a vida por amor;
Dele recebemos força e alegria, *Para nos doarmos como irmãos.
3. Seja o nosso encontro com o Pai *Um sinal da nossa união;
Para que, vivendo nós a sua graça, *Levemos paz e amor aos corações.
4. Nossa luz e força é o Senhor, *Ele que alegra nossa vida;
Sendo nosso Pai, quer ser um irmão, *Por amor se faz nossa comida (C.O., n. 781).

COMENTADOR: Nós somos a família de Deus. Por isso nos reuninos em torno da Mesa do Senhor, para participar da santa missa. Acolhemos hoje estas crianças que com tanta boa vontade começaram sua preparação para receber Jesus na Eucaristia.

CELEBRANTE: Queridas crianças, é o amor do Senhor Jesus que nos une neste dia. Queremos todos abrir os braços, para receber vocês em nossa comunidade. Estejam à vontade e sejam muito felizes entre nós.

CRIANÇAS: Obrigado! Aqui viemos para fazer parte desta comunidade cristã.

CELEBRANTE: (Dirigindo-se aos pais) Prezados pais, quereis mesmo que vossos filhos continuem frequentando a catequese eucarística, a fim de se prepararem melhor para o Banquete do Senhor?

PAIS: Sim, vimos apresentar nossos filhos à comunidade. Queremos que eles conheçam esta família do Povo de Deus.

CELEBRANTE: É vossa missão preparar vossos filhos para o seu 1º Encontro com Jesus na Eucaristia.

PAIS: Sim, com a ajuda dos catequistas já começamos a prepará-los, para conosco participarem plenamente da santa missa.

CELEBRANTE: (Dirigindo-se ao povo) Caríssimos irmãos, eu vos pergunto: Quereis acolher estas crianças na comunidade paroquial?

TODOS: Sim, queremos.

CELEBRANTE: Prometeis compartilhar com elas vossa fé, vossa esperança e vossa caridade?
TODOS: Sim, prometemos.

CELEBRANTE: (Dirigindo-se às crianças) Queridas crianças, pelo Batismo vocês entraram na Família de Deus. Querem participar de nossa vida em comunidade?

CRIANÇAS: Sim, queremos.

CELEBRANTE: Que devemos fazer, para viver felizes na comunidade?

* Se esta celebração for realizada na missa dominical da comunidade, ela poderia ser feita após os Ritos iniciais, logo antes da Liturgia da Palavra. Neste caso, as leituras podem ser as do domingo respectivo, seguidas da Homilia, Creio, Oração dos fiéis.

CRIANÇAS: Fazer a vontade de Deus, nosso Pai.

CELEBRANTE: Vocês querem participar da missa com a comunidade?

CRIANÇAS: Sim, queremos.

CELEBRANTE: Vocês querem continuar frequentando a catequese eucarística para estarem melhor preparados no dia do grande encontro com Jesus na Eucaristia?

CRIANÇAS: Sim, queremos.

CELEBRANTE: Em nome de toda a comunidade, eu acolho vocês com muita alegria. Agora vocês fazem parte desta comunidade aqui reunida. Todos nós queremos que vocês se preparem bem para receber Jesus na Eucaristia. Todos nós vamos ajudá-las nesta preparação.

CANTO: (sentados) Que é que Jesus espera de nós (p. 101).

CELEBRANTE: (Dirigindo-se às crianças) Agora vou apresentar a vocês algumas pessoas de nossa comunidade. Aqui estão os catequistas.

CATEQUISTAS: Com a ajuda do Espírito Santo, nós queremos explicar e transmitir a Palavra de Deus, os ensinamentos de Jesus Cristo, a doutrina da Igreja.

CELEBRANTE: Apresento a vocês o Conselho Administrativo Paroquial.

CAP: Nós representamos todos os leigos da comunidade, colaborando na administração da paróquia (ou da capela).

CELEBRANTE: Eis a Equipe de Liturgia: Os acólitos, os comentadores, os leitores.

EQUIPE DE LITURGIA: Nós somos encarregados de preparar e comentar a missa, de dirigir a oração e o canto do povo, de ler a Bíblia, na Liturgia da Palavra.

CELEBRANTE: Também lhes apresento a diretoria da Ação Social:

AÇÃO SOCIAL: Nós também nos esforçamos para colaborar com a comunidade no que diz respeito à assistência aos nossos irmãos necessitados.

CELEBRANTE: Recebemos hoje estas queridas crianças em nossa comunidade. A partir deste momento, ao participarem conosco da santa missa, elas merecerão de tods nós uma atenção especial: nós todos queremos ajudá-las a se prepararem bem para a sua Primeira Eucaristia. Depois, quando tiverem terminado sua preparação, esperamos que elas sempre participem conosco da Eucaristia também. Todos somos responsáveis por elas.

CANTO: (De pé) – A Palavra de Deus é a verdade.

COMENTADOR: Escutemos, agora, na leitura dos Atos dos Apóstolos, como os primeiros cristãos viviam em comunidade.

LEITOR: (Sentados) – At 2,42-47.

CANTO: (De pé) – Vai falar no Evangelho (p. 100).

CELEBRANTE: Leitura do Evangelho do domingo. – **Oração dos fiéis**:

CELEBRANTE: Rezemos, irmãos caríssimos, pelo bem de toda a Igreja, lembrando-nos especialmente destas crianças que hoje acolhemos em nossa comunidade.

COMENTADOR: Por todos nós aqui presentes, principalmente por estas crianças que acolhemos em nossa comunidade, a fim de que elas cresçam sempre mais na fé, na esperança e no amor, rezemos ao Senhor.

TODOS: Senhor, escutai a nossa prece. (preces espontâneas)

3. Celebração: Renovação das promessas do Batismo

CANTO: Jesus é o Rei dos Reis e o Senhor dos Senhores (p. 99). (Ao lado do altar, deve estar um grande círio aceso).

UMA DAS CRIANÇAS: No dia do nosso batismo, recebemos de Cristo a vida da graça e a luz da fé. Sabemos que, naquela ocasião, o padre nos fez uma série de perguntas, e nossos padrinhos responderam por nós. Agora, nós mesmos podemos responder: é a renovação do nosso batismo.

GRUPO DE CATEQUISTAS: Diante da comunidade paroquial aqui reunida,/ em nome de quem nos dedicamos à preparação destas crianças à Primeira Eucaristia,/ testemunhamos que elas adquiriram os primeiros conhecimentos de religião./ Elas já possuem a consciência de serem filhos de Deus e membros da Igreja./ Elas têm o desejo de participar da missa, alimentando-se da Eucaristia./ É preciso que estas crianças, apoiadas pelos pais, aprofundem mais ainda o conhecimento e a vivência que adquiriram.

1º CATEQUISTA: Este grande círio aceso representa Cristo Ressuscitado.

No dia do nosso batismo, o padre colocou em nossas mãos uma vela acesa, para representar a nossa fé em Jesus Cristo, a Luz do Mundo. – Agora, queridas crianças, vocês vão receber das mãos de seus pais uma vela acesa. (As crianças poderão ser chamadas pelo nome. O pai ou a mãe acende a vela na chama do círio e a entrega para o filho, enquanto a assembleia canta o Canto das Promessas.)

PAI: Filho(a), recebe a luz da fé e vive sempre na esperança e no amor dos filhos de Deus.

UMA DAS CRIANÇAS: Cantemos alegres, pedindo a Deus que aumente sempre mais a nossa fé: Canto: Prometi no meu santo batismo (C.O., n. 576).

1. Prometi no meu santo batismo/ a Jesus sempre e sempre adorar. Pais cristãos em meu nome falaram:/ hoje os votos eu vim confirmar.

FIEL, SINCERO, EU MESMO QUERO/: A JESUS PROMETER MEU AMOR./:

2. Creio, pois, na divina Trindade,/ Pai e Filho e inefável amor. No mistério do Verbo encarnado,/ Na paixão de Jesus Redentor.

3. A Jesus servir quero constante,/ Sua lei em meu peito gravar. Combatendo, lutando e vencendo,/ A Igreja, fiel, sempre amar.

2º CATEQUISTA: Com a vela acesa na mão, vamos fazer a nossa profissão de fé, renovando as promessas de nosso batismo.

CELEBRANTE: Caríssimas crianças, em nome de quem vocês foram batizadas?

CRIANÇAS: Fomos batizadas em nome do Pai, do Filho e do Espírito Santo.

CELEBRANTE: E que aconteceu com vocês, crianças, no dia do batismo?

CRIANÇAS: Pela graça do batismo nos tornamos filhos de Deus, irmãos de Jesus Cristo, templos do Espírito Santo e membros da Igreja.

CELEBRANTE: Vocês querem mesmo renovar as promessas de seu batismo?

CRIANÇAS: Sim, queremos.

CELEBRANTE: Vocês querem ser amigos de Jesus em todos os dias de sua vida?

CRIANÇAS: Sim, queremos.

CELEBRANTE: Mas quem quer ser amigo de Jesus não pode querer o mal, o pecado. Vocês prometem evitar sempre o pecado?

CRIANÇAS: Sim, prometemos.

CELEBRANTE: Crianças, vocês prometem fazer sempre a vontade do Pai do Céu?

CRIANÇAS: Sim, prometemos.

CELEBRANTE: Vocês prometem seguir sempre os ensinamentos de Jesus Cristo?

CRIANÇAS: Sim, prometemos.

CELEBRANTE: Vocês prometem escutar a voz do Espírito Santo em suas vidas?

CRIANÇAS: Sim, prometemos.

CELEBRANTE: Crianças, vocês creem em tudo aquilo que Jesus nos ensinou pela sua Igreja?

CRIANÇAS: Sim, cremos.

CELEBRANTE: Vamos, então, todos a uma só voz, fazer solenemente a nossa profissão de fé:

Creio em Deus Pai todo-poderoso,/ criador do céu e da terra./ E em Jesus Cristo, seu único filho, nosso Senhor;/ que foi concebido pelo poder do Espírito Santo;/ nasceu da Virgem Maria,/ padeceu sob Pôncio Pilatos,/ foi crucificado, morto e sepultado;/ desceu à mansão dos mortos;/ ressuscitou ao terceiro dia;/ subiu aos céus, está sentado à direita de Deus Pai todo-poderoso,/ donde há de vir a julgar os vivos e os mortos;/ creio no Espírito Santo, na santa Igreja Católica,/ na Comunhão dos Santos,/ na remissão dos pecados, na ressurreição da carne e na vida eterna. Amém.

ou

Creio, Senhor, mas aumentai minha fé.

1. Eu creio em Deus, Pai onipotente. Criador da terra e do céu!

2. Creio em Jesus, nosso irmão, verdadeiramente Homem-Deus!

3. Creio também no Espírito de Amor, grande dom que a Igreja recebeu! (C.O., n. 229).

CELEBRANTE: Crianças, no dia do nosso batismo, Maria, mãe de Jesus, tornou-se nossa Mãe também. Como filhos, olhemos para Maria e rezemos:

CRIANÇAS:

Salve rainha, mãe de misericórdia,/ vida, doçura, esperança nossa, salve!/ A vós bradamos, degredados filhos de Eva./ A vós suspiramos, gemendo e chorando neste vale de lágrimas./ Eia, pois, advogada nossa,/ esses vossos olhos misericordiosos a nós volvei./ E depois deste desterro, mostrai-nos Jesus./ Bendito fruto do vosso ventre,/ ó clemente, ó piedosa, ó doce sempre Virgem Maria.

CANTO:

1. Pelas estradas da vida nunca sozinho estás,/ Contigo pelo caminho Santa Maria vai;

Oh! Vem conosco, vem caminhar! Santa Maria vem! (bis)

2. Mesmo que digam os homens que nada pode mudar/ Luta por um mundo novo de unidade e paz.

3. Se parecer tua vida inútil caminhar,/ Pensa que abres caminho: outros te seguirão (C.O., n. 718).

ou

Declina o dia, conosco permanece, * Senhor Deus, pois já anoitece.

4. Celebração penitencial

CANTO:

1. Esta manhã, Senhor, como as demais, Senhor: * Dou-te as flores, o céu, minha terra,

Os homens em guerra à procura da paz. * Dou-te o mar, as florestas, meu povo, * E começo de novo o caminho do amor!

Refrão: Esta manhã, Senhor, esta manhã, Senhor.

2. Esta manhã, Senhor, como as demais, Senhor: * Meu caminho começo sorrindo,

Pois tudo é tão lindo, onde existe o amor. * Nas crianças, nos jovens, nos velhos, * Vou ler o Evangelho da vida e do amor!

3. Esta manhã, Senhor, como as demais, Senhor: * Meu caminho começo sereno,

Pois sou tão pequeno diante do amor. * Na alegria de ver a verdade, * Eu vivo a eternidade a teu lado, Senhor!

ou

O Batismo nos faz filhos de Deus e membros da sua Igreja (C.O., n. 562).

1. Pela água batismal fomos limpos do pecado.
2. Pela água batismal nós entramos na Igreja.
3. Pela água batismal Deus aceitou-nos como filhos.

CELEBRANTE: Queridas crianças, pelo Batismo nos tornamos filhos e filhas de Deus. Deus nos ama como o melhor dos pais e quer que o amemos de todo o coração. Deus quer também que sejamos bons uns para com os outros, a fim de que todos juntos vivamos felizes. Mas nem sempre os homens fazem a vontade de Deus.

Eles dizem: "Não obedeço"! "Eu faço o que quero"! Quem assim fala, não quer ouvir a voz de Deus. E nós, queridas crianças, como nos comportamos com Deus, nosso Pai? Quantas vezes dizemos "não" a Deus, nosso melhor amigo. Dizendo "não" a Deus, cometemos o pecado. E o pecado nos afasta de Deus. E se for um pecado grave, nos separa completamente de Deus.

Que faz Deus, quando alguém se afasta dele?

Que faz Deus, quando abandonamos o caminho certo?

Será que Ele se afasta de nós, ofendido?

Ouçamos o que Nosso Senhor nos diz:

LEITOR: Lc 15,1-10 – **TODOS:** Graças a Deus.

HOMILIA: (Em poucas palavras, pôr em relevo o amor de Deus por nós, como base do exame de consciência).

EXAME DE CONSCIÊNCIA

I – O Senhor disse: *"Amarás o Senhor teu Deus sobre todas as coisas"* (Mc 12,30).

1º Mandamento: Rezei ao levantar e ao deitar? .... (Sim ou Não).

Lembrei-me de Deus na hora da comida? .... Procurei louvar e agradecer a Deus mais vezes durante o dia? .... Ofereci a Deus meus brinquedos, meus estudos e trabalhos? ....

2º Mandamento: Pronunciei o nome de Deus, de Nossa Senhora e dos santos, sempre com respeito, devoção e amor? ....

3º Mandamento: Esforcei-me para participar da missa aos domingos, rezando, cantando e acompanhando as aclamações e os gestos? ....

Prestei muita atenção à leitura da Palavra de Deus? ....

II – *"Amai-vos uns aos outros como eu vos amo"* (Jo 15,12).

4º Mandamento: Respeitei e amei a meus pais e professores? ....

Segui com boa vontade as suas ordens e conselhos? ....

Esforcei-me para causar alegria aos meus pais e superiores? ....

5º Mandamento: Tive bons modos para com meu próximo?....... Respeitei a pessoa do outro? ....

6º e **9º Mandamentos:** Tive sempre muito respeito com o meu corpo, que é templo do Espírito Santo? .... Respeitei também o corpo dos outros? .... Cultivei bons pensamentos, boas palavras e boas ações? ....

7º e 10º Mandamentos: Respeitei o dinheiro, os brinquedos e outras coisas dos meus pais, irmãos e colegas? .... Cuidei com carinho das coisas dos outros? ....

8º Mandamento: Procurei falar sempre bem dos outros? .... Tenho sido amigo de todos? .... Falei sempre a verdade? .... Cuidei do bom nome dos outros? ......

CANTO:

1. O meu mandamento é este: "Amai-vos como eu vos amei, * E nisto conhecerão todos que vós sois discípulos meus".

Refrão: O amor, o amor, o amor não há de acabar jamais. * O amor, o amor, o amor – por ele Deus vai nos julgar!

2. A paz eu vos dou, eu vos deixo, mas não como o mundo a dá. Importa lutar e doar-se e o Reino de Deus implantar.

3. **Chorar** com aqueles que choram, com quem está alegre **sorrir.** * Viver espalhando alegria: É esta a razão do existir

4. Da grande família de Deus, nós somos pequena porção, * Vivendo o amor e a união, levamos o Cristo aos irmãos.

III – O Senhor disse: *"Sede perfeitos como vosso Pai celeste é perfeito"* (Mt 5,48).

– Tenho feito alguma coisa boa para crescer no amor de Deus? ......

– Procurei desenvolver meus talentos e qualidades, ajudando meus irmãos e colegas? ......

– Fui aplicado e estudioso na escola? ....

– Estudei bem as lições do meu livro de doutrina? ....

– Cuidei de não faltar às aulas de catequese? ....

– Ajudei a algum pobre? ....

– Aprovetei bem o tempo? ....

– Tenho suportado com paciência qualquer dificuldade, ofensa ou sofrimento? ....

– Esforcei-me para praticar sempre o bem diante de Deus e diante dos homens? ....

CANTO: Perdoai-nos, ó Pai as nossas ofensas (p. 104).

ATO PENITENCIAL: (Cada número poderá ser recitado por uma criança ou pelo catequista):

1. Quantas vezes nos esquecemos de Deus, deixando de rezar...

TODOS: MAS DEUS NOS AMA E NOS PERDOA. (Repetir esta frase depois de cada número.)

2. Deixamos de agradecer a Deus por tanta coisa que Ele nós dá: saúde, alimento, família...

3. Não participamos com atenção da missa aos domingos...

4. Desobedecemos a nossos pais e professores...

5. Brigamos, batemos e falamos mal de nossos companheiros...

6. Fomos preguiçosos e não ajudamos os outros...

7. Fomos distraídos e mentirosos...

8. Desrespeitamos nosso corpo: pensando, conversando, fazendo coisas desonestas...

9. Mexemos nas coisas dos outros, chegando até a roubar...

10. Deixamos de estudar na escola e na catequese...

11. Não nos esforçamos para crescer em sabedoria e em graça diante dos homens e diante de Deus...

CANTO:

Dai louvor ao Senhor, Ele é tão bondoso! * Sua misericórdia brilha para sempre!

CELEBRANTE: E agora, em união com Jesus, nosso irmão, vamos falar com nosso Pai do Céu e pedir que nos perdoe:

TODOS: Pai nosso que estais no céu... (p. 38).

CANTO: Muito obrigado, Senhor Jesus (p. 104).

5. Cantos

Tema n. 1 (Disco Convívio – Pe. Zezinho)

1. Eu vim para escutar: **TUA PALAVRA, TUA PALAVRA, TUA PALAVRA DE AMOR.**
2. Eu gosto de escutar:
3. Eu quero entender melhor:
4. O mundo ainda vai viver:

VAI FALAR (MISSA DA ALEGRIA)

1. Vai falar no Evangelho, Jesus Cristo, aleluia.
Sua **PALAVRA** é alimento, que dá vida, aleluia.
GLÓRIA A TI, SENHOR, TODA A GRAÇA E LOUVOR.
2. A mensagem da alegria ouviremos, aleluia.
De Deus as maravilhas, cantaremos aleluia.

Tema n. 2 (C.O., n. 41)[†1]

FALAI, SENHOR. PORQUE O VOSSO SERVO ESCUTA. FALAI, SENHOR.

1. Instruí-me na senda dos vossos preceitos. Meditarei nas vossas maravilhas.
2. Escolhi o caminho da vossa verdade. E abracei os vossos decretos.

EIS-NOS, SENHOR (Cantos para a catequese n. 4)[†2].
EIS-NOS, SENHOR, NÓS ESTAMOS AQUI.

1. O Senhor nos chama para a sua Igreja.
2. O Senhor nos chama para o escutarmos.
3. O Senhor nos chama para o seu amor.

Tema n. 3 (C.O., n. 154)

A ELE TODA A GLÓRIA, LOUVOR PARA SEMPRE!

1. Sol e lua bendizei ao Senhor
2. Fogo e calor, bendizei ao Senhor.
3. Mares e rios, bendizei ao Senhor.
4. Pássaros do céu, bendizei ao Senhor.
5. Filhos dos homens, bendizei ao Senhor.

TEU NOME SENHOR (Frei Joel)

1. Teu nome, Senhor, é tão bonito! *Tu moras no céu lá nas alturas!
Até criancinhas bem pequenas *já sabem que és o **Criador**.
2. Olhando pro céu que Tu fizeste, eu vejo as estrelas, vejo a lua.
E entendo que o homem vale muito, *pois tudo pra ele Tu fizeste.
3. Menor um pouquinho do que os anjos, *mas cheio dc glória e de valor.
De ti recebeu poder e força, *pra tudo vencer e dominar.

Tema n. 4 (C.P., n. 94)[†3]

1. Nós louvamos o teu nome, Deus eterno Criador.
Ao criar o mundo inteiro, nos criaste com amor.
2. És a vida da semente, que germina ao teu olhar,
És também a nossa vida, que te deve adorar.
3. Tuas obras são imensas, como é grande a criação.
Tu governas o universo, pois está na tua mão.

†1 C.O. – Cantos e Orações – Editora Vozes Ltda.

†2 Cantos para a Catequese – Maestro José Acácio Santana.

†3 C.P. – Canto Pastoral – Maestro José Acácio Santana.

Tema n. 5 (C.P., n. 43)

1. Senhor, perdoa o mal que pratiquei. *Eu quero respeitar a tua lei.
2. Eu quero novamente o teu amor. *Confesso que sou grande pecador.
3. Serás a minha força no lutar. *Eu quero a teu encontro caminhar.

Tema n. 6 (Disco: Canção para orar)

SAI DA TUA TERRA E VAI ONDE TE MOSTRAREI. – Abraão, é uma loucura se tu partes,
E abandonas tua casa. O que queres encontrar? A estrada é sempre a mesma,
Mas a gente, diferente, é inimiga. Onde esperas tu chegar?
O que tu deixas já bem conheces. *Mas o teu **Deus** o que te dá? Um povo grande,
A terra e a promessa: Palavra de **Javé**.
Sai da tua terra e vai onde te mostrarei. Sai da tua terra e vai, contigo estarei.

Tema n. 7 (Cantos para a Catequese n. 21)

1. Que é que Jesus espera de nós? **FAZER A VONTADE DO PAI QUE ESTA NO CÉU**.
2. E qual é a nossa obrigação?
3. Qual é o exemplo que Jesus nos deu?

Tema n. 8 (C.P., n. 44)

1. O povo pecou, quebrando a **ALIANÇA** que tinha com Deus.
2. Na voz dos Profetas, Deus Pai prometeu resgatar-nos de novo.
3. Jesus, com sua morte, reconciliou-nos de novo com Deus.

Tema n. 9 (C.P., n. 101)

ESTA COMIDA DÁ FORÇA E VIDA AOS QUE VIAJAM PARA A CASA DO SENHOR.

1. Outrora no deserto eu fiz descer comida *Ao povo que buscava a terra prometida.
2. Ainda continuo a vos alimentar, *Porque vós sois meu povo, que deve caminhar.

Tema n. 10

Quando o Espírito de Deus se move em mim: **EU CANTO COMO O REI DAVI**.
Eu rezo... Eu toco... Eu danço... Eu luto... Eu abraço...

Tema n. 11 (C.P., n. 11)

O Senhor vem bater à nossa porta, Quer fazer de nossa alma a sua casa.
O SENHOR VEM MORAR EM NOSSO MEIO.
2. Preparemos caminhos ao Senhor, Despojamos as vestes do pecado.

Oh! vinde enfim (C.O., n. 328)

1. Oh! vinde enfim, eterno Deus! Descei, descei dos altos céus!
Deixai a vossa habitação, que a terra espera a salvação.
2. Oh! vinde enfim, Senhor, a nós, ressoe no mundo a vossa voz.
No mundo brilhe o vosso olhar, ó! vinde enfim, sem demorar!

Tema n. 12 (C.O., n. 359)

1. Noite feliz, Noite feliz, Ó Senhor, Deus de amor,
Pobrezinho nasceu em Belém; Eis na lapa Jesus, nosso bem. /: Dá-nos a paz, ó Jesus.
2. Noite feliz, Noite feliz, Eis que no ar vem cantar aos pastores os anjos do céu,
Anunciando a chegada de Deus. /: De Jesus Salvador:/.

Ó VINDE, CRIANÇAS (C.O., n. 364)

1. Ó vinde, crianças, ó vinde cantar. Ao lindo presépio de encantos sem par.
E vede que mimo Deus hoje nos traz. Em noite tão linda de luz e de paz.
2. Ó meigo querido Menino Jesus. Meu céu, minha vida, meu bem, minha luz.
Com alma vos amo, com toda afeição. E dou-vos feliz todo o meu coração.

Tema n. 13 (C.P., n. 68)

1. Cristo foi o Mestre que nos ensinou as lições divinas feitas de amor.
2. Ele foi o guia que iluminou com os seus exemplos feitos de amor.
3. Cristo é a alegria de quem aprendeu a sua mensagem feita de amor.
4. Nós agradecemos os ensinamentos, eles foram todos feitos de amor.

UM DIA UMA CRIANÇA (Pe. Zezinho – Disco: histórias que eu conto e canto)
Um dia uma criança me parou. Olhou-me nos meus olhos a sorrir.
Caneta e papel na sua mão. Tarefa escolar para cumprir.
E perguntou no meio de um sorriso: O que é preciso para ser feliz?
AMAR COMO JESUS AMOU, SONHAR COMO JESUS SONHOU, PENSAR COMO JESUS PENSOU, VIVER COMO JESUS VIVEU, SENTIR O QUE JESUS SENTIA, SORRIR COMO JESUS SORRIA... E, AO CHEGAR AO FIM DO DIA, EU SEI QUE DORMIRIA MUITO MAIS FELIZ.

Tema n. 14

ALELUIA, ALELUIA, ALELUIA, ALELUIA. GLÓRIA AO SENHOR. Glória ao Senhor, nosso Pai;
Glória ao Senhor, Jesus Cristo; Glória ao Espírito Santo. Glória ao Senhor.

SANTÍSSIMA TRINDADE
SANTÍSSIMA TRINDADE, PRESENTE EM MINHA ALMA, EU VOS ADORO, ADORO.
Santificai-me, santificai-me. – Fazei com que eu vos ame, cada vez mais.

Tema n. 15

1. A melhor oração é amar, *A melhor oração é amar!
Se tu queres orar, então deves amar. *A melhor oração é amar.
2. Ó meu Deus, eu já posso orar, *Ó meu Deus, eu já posso orar!
Se eu posso orar, então devo amar: "A melhor oração é amar.
3. Mesmo que minha fé faça montes mover, *E a fúria do mar se acalmar.
Vem o amor de Jesus, para nos ensinar: *Nada vale a fé sem amor.

ENSINA TEU POVO A REZAR (Pe. Zezinho)
ENSINA TEU POVO A REZAR, MARIA, MÃE DE JESUS,
QUE UM DIA TEU POVO DESPERTA E NA CERTA VAI VER A LUZ.
QUE UM DIA TEU POVO SE ANIMA E CAMINHA COM TEU JESUS.
1. Maria de Jesus Cristo, Maria de Deus, Maria Mulher:
Ensina a teu povo o jeito de ser o que Deus quiser.
2. Maria, Senhora nossa, Maria do povo, povo de Deus.
Ensina teu jeito perfeito de sempre escutar teu Deus.

Tema n. 16 (C.O., n. 127)

1. És videira vicejante, somos nós os ramos teus,
Pela graça nos enxertas, Ó Jesus, no corpo teu.
2. Da videira separado, logo o ramo vai morrer;
Sempre a ti, Jesus, unidos, não podemos perecer.
3. Fique em nós a tua graça, que nos traz a salvação.
Viveremos nossa graça, traduzida em ação.

EU SOU FILHO DE DEUS (Melodia de Parabéns a você)
1. Eu sou filho de Deus, "Sou também seu amigo.
Ele gosta de mim e conversa comigo.
2. Conversando me pede pra dizer-lhe meu **SIM**.
Sempre pede o que existe de melhor para mim.

Tema n. 17 (C.O., n. 493)

ÉS O PASTOR E AS OVELHAS SOMOS NÓS.
1. Nós te louvamos, Senhor nosso Pai.
2. Só por amor nos criaste, Senhor.
3. És nosso Pai, somos todos irmãos.

ESTA AULA SERÁ ABENÇOADA
1. Esta aula será abençoada, pois o Senhor derramou o seu amor.
/: **DERRAMA, Ó SENHOR, DERRAMA, Ó SENHOR, DERRAMA SOBRE NÓS O TEU AMOR.** /:
2. Este encontro será abençoado...
3. Nossa vida será abençoada...

Tema n. 18 (C.O., n. 782)

Sempre encontrando, sempre encontrando, sempre encontrando nosso irmão.
Sempre encontrando, sempre encontrando nosso irmão.
Viva a nossa bela união (3x). Sempre encontrando nosso irmão.

JESUS NOS ENSINOU A PERDOAR (C.O., n. 450)
1. Jesus nos ensinou a perdoar, quando disse: **FAZEI O BEM AOS QUE VOS FAZEM MAL.**
2. Jesus, na sua vida perdoou os inimigos:
3. E Ele nos perdoa, quando erramos também.

Tema n. 19 (C.F./75)

O PÃO DA VIDA, A COMUNHÃO, NOS UNE A CRISTO E AOS IRMÃOS
E NOS ENSINA A ABRIR AS MÃOS, PARA PARTIR, REPARTIR O PÃO.
1. Lá no deserto a multidão com fome segue o Bom Pastor,
Com sede busca a Nova Palavra: Jesus tem pena e reparte o pão.
2. Abri, Senhor, estas minhas mãos, que para tudo guardar se fecham.
Abri minha alma, meu coração, para doar-me no eterno dom.

O POVO NÃO SABIA (C.P., n. 125)
1. O povo não sabia quem era **JESUS**, e são Pedro respondeu:
TU ÉS O CRISTO, FILHO DE DEUS VIVO.
2. Diziam que Ele era João Batista, e São Pedro respondeu:
3. O povo então dizia: Ele é Jeremias, e São Pedro respondeu:

Tema n. 20 (Missa da Juventude)

O PÃO QUE EU VOS DER SERÁ A MINHA CARNE, SERÁ O PÃO DA VIDA
QUE DESCEU DO CÉU. O PÃO QUE EU VOS DER SERÁ A MINHA CARNE.
Quem come a minha Carne e bebe o meu Sangue
Terá a vida eterna — foi Cristo quem falou.
Linguagem muito dura, quem pode compreender?
Com Pedro nós diremos: Senhor, a quem iremos? Tu és o nosso **DEUS**.

Tema n. 21 (C.P., n. 47)

1. Na Última Ceia Jesus disse assim: **FAZEI ISTO EM MEMÓRIA DE MIM.**
2. Tomando nas mãos um pedaço de pão, Ele disse: **ISTO É O MEU CORPO.**
3. Tomando nas mãos uma taça com vinho, Ele disse: **ISTO É O MEU SANGUE.**
4. E todas as vezes que isto fizerdes, **FAZEI SEMPRE EM MEMÓRIA DE MIM.**

NÓS SOMOS A FAMÍLIA (C.O., n. 18)
1. Nós somos a família do Senhor, *somos todos irmãos pelo Batismo.
A família de Deus é a Igreja, *que na missa se reúne pra rezar.
2. Na missa se réunem os irmãos *com Jesus que é nosso irmão maior;
Todos juntos ao redor da mesma mesa, damos glória e rezamos a Deus Pai.
3. Jesus faz um convite a todos nós, *para estarmos unidos a rezar:
Queremos atender o seu convite *e com Ele vamos juntos celebrar.
4. Na ceia que Jesus nos preparou, *Ele é a comida dos irmãos;
Alimento que dá forças para a vida, *não morremos se comermos deste Pão.

Tema n. 22 (C.O., n. 400)

VITÓRIA, TU REINARÁS, Ó CRUZ, TU NOS SALVARÁS.
1. Brilhando sobre o mundo que vive sem tua luz,
Tu és um sol fecundo de amor e de paz, ó cruz.
2. À sombra dos teus braços a Igreja viverá.
Por ti, no eterno abraço, o Pai nos acolherá.

Tema n. 23

GLÓRIA, GLÓRIA, ALELUIA! (3x) A CRISTO SALVADOR.
Céus e terra estão cantando, celebrando o Salvador,

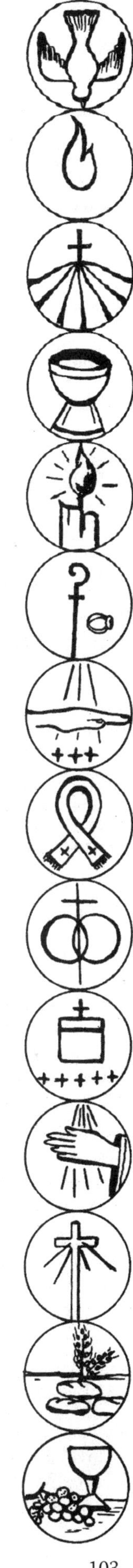

Que na cruz deu testemunho do seu grande e imenso amor;
Ele agora ressurgido eternamente junto ao Pai: é nosso intercessor.

JÁ RESSUSCITOU

Já ressuscitou, aleluia! Cristo Jesus, ei-lo vivo entre nós. Enfim Jesus venceu, aleluia! Abrindo o céu para todos nós.

Tema n. 24 (C.P., n. 33)

O ESPÍRITO DO SENHOR ESTÁ SOBRE NÓS.

1. Ele nos fará compreender: as coisas que são de Deus.
2. Nos ajudará a fazer: as coisas que são de Deus.
3. Nos ensinará a seguir: as coisas que são de Deus.

Tema n. 25 (Melodia: Eu confio em Nosso Senhor)

AGRADEÇO A NOSSO SENHOR: OS SEUS GESTOS DIVINOS DE AMOR.

Pelos sete vitais sacramentos, *que enriquecem os filhos de Deus,
Com as graças e dons celestiais *que Jesus mereceu para os seus.

Tema n. 26 (C.O., n. 562)

O BATISMO NOS FAZ FILHOS DE DEUS E MEMBROS DA SUA IGREJA.

1. Pela água batismal fomos limpos do pecado.
2. Pela água batismal nós entramos na Igreja.
3. Pela água batismal Deus aceitou-nos como filhos.

JESUS É O REI DOS REIS (C.P., n. 121)

1. Jesus é o Rei dos reis e o Senhor dos senhores.
A Ele dedicamos os nossos louvores.
2. O Reino de Jesus é de amor e de paz:
Do seu reinado eterno herdeiros nos faz.
3. No dia do Batismo nós fomos chamados,
A fim de pertencer ao seu Reino sagrado.

Tema n. 27 (C.O., n. 466)

ENVIA TEU ESPÍRITO, SENHOR, E RENOVA A FACE DA TERRA.

1. Bendize, minha alma, ao Senhor; *Senhor, meu Deus, como és tão grande.
2. Como são numerosas tuas obras, Senhor. *A terra está cheia de tuas criaturas
3. Seja ao Senhor eterna glória, * Alegre-se Ele em suas obras.
4. Que meu canto ao Senhor seja agradável * É nele que está minha alegria.

Tema n. 28 (C.O., n. 630)

VEM E SEGUE-ME, DISSESTE, SENHOR.

1. Mas são tantos os meus pecados *que é pesado seguir-te agora.
2. Nos meus passos eu trago o peso *que a jornada me reservou.
3. Mas também trago as alegrias *encontradas no meu caminho..
4. E acima de tudo eu trago *minha vida para ofertar.

Tema n. 29 (C.O., n. 198)

PERDOAI-NOS, Ó PAI, AS NOSSAS OFENSAS, COMO NÓS PERDOAMOS A QUEM NOS OFENDEU.

1. Se eu não perdoar a meu irmão, *o Senhor não me dá o seu perdão.
Eu não julgo para não ser julgado, *perdoando é que serei perdoado.
2. Ajudai-me, Senhor, a perdoar *e livrai-me de julgar e condenar.
Vou ficar sempre unido em Comunhão *ao Senhor e também ao meu irmão.

Tema n. 30 (C.P., n. 45)

1. Muito obrigado, Senhor Jesus, tua bondade nos veio perdoar.
2. Muito obrigado, por teres dado ao sacerdote o poder de perdoar...

Tema n. 31 (Cantos Populares para Catequese)

1. Há cinco pontos que ninguém deve esquecer, quando se confessar:
*O primeiro é **EXAMINAR** e depois se **ARREPENDER**.
CUSTA TÃO POUCO A CONFISSÃO DIANTE DA ALEGRIA DO PERDÃO.
2. E em seguida é preciso prometer não tornar mais a pecar;
Quem não faz um bom **PROPÓSITO**, não tem vontade de melhorar.
3. Logo em seguida vem então a **CONFISSÃO**, bem sincera e verdadeira
E depois a **REPARAÇÃO**, que se cumpre toda inteira.

Tema n. 32 (C.O., n. 509)

1. Jesus Cristo está realmente *de noite e de dia **presente no altar**,
Esperando que cheguem os homens * humildes, confiantes, para o visitar.
JESUS NOSSO IRMÃO, JESUS REDENTOR: NÓS TE ADORAMOS NA EUCARISTIA,
JESUS DE MARIA, JESUS REI DE AMOR.
2. Jesus Cristo é nosso **alimento** *na Eucaristia, divino manjar.
Sacrifício também Ele é sempre *por nós imolado na cruz e no altar.
3. Irmãos todos, crescei na esperança, *Olhai para a frente, com fé caminhai.
Lembrai sempre que **EUCARISTIA, *É AÇÃO DE GRAÇAS**, louvor a Deus **PAI**.

Tema n. 33 (melodia: Lampião de gás)

FRATERNIDADE, MÚTUA UNIÃO, PRA SERMOS LUZES ENTRE OS IRMÃOS.
1. Fraternidade em nossa vida, terno sinal do divino amor:
Dar um sorriso, dar um bom-dia, circula a graça com mais vigor.
2. Nessa jornada de santidade, podemos dar, também receber.
Enriquecidos desta verdade: tudo na Igreja deve viver.

Nós queremos ser teu povo (C.F. 1973)

1. Nós queremos ser teu povo, Senhor, Senhor, Senhor.
E queremos ser de novo, testemunhas do amor.
O AMOR LIBERTA O CORAÇÃO DA GENTE E FAZ O MUNDO CAMINHAR ALEGREMENTE.
2. Nós queremos caridade, Senhor, Senhor, Senhor.
Que nos traz fraternidade e é sinal do teu amor.
3. Nós queremos unidade, Senhor, Senhor, Senhor.
Que nos firma na verdade e é sinal do teu favor.

Tema n. 34 (C.O., n. 116)

UM REI FEZ UM GRANDE BANQUETE, O POVO JÁ FOI CONVIDADO; A MESA JÁ ESTÁ PREPARADA, JÁ FOI O CORDEIRO IMOLADO.
1. Eu me sinto feliz perto de Deus. Em achar um abrigo no Senhor.
2. Para mim ser feliz é ter meu Deus, é conservá-lo sempre, sempre dentro em mim.

Tema n. 35 (Disco: Convívio – Pe. Zezinho)

A JUVENTUDE DO POVO DO SENHOR SABERÁ VIVER O SEU AMOR. VIVERÁ A SUA VOCAÇÃO.
1. Os caminhos do Senhor são puros *E queremos os caminhos dele.
2. A vontade do Senhor é santa *E queremos a vontade dele.
3. A pureza do Senhor é pura *E queremos a pureza dele.

Tema n. 36

1. Pelas estradas da vida nunca sozinho estás.
Contigo pelo caminho Santa Maria vai.
OH! VEM CONOSCO, VEM CAMINHAR, SANTA MARIA, VEM.
2. Mesmo que digam os homens que nada pode mudar.
Luta por um mundo novo de unidade e paz.
3. Se parecer tua vida inútil caminhar,
Pensas que abres caminho, outros te seguirão.

NESTE DIA (C.O., n. 718)

1. Neste dia, ó Maria, nós te damos nosso amor.

2. Dá-nos sempre, Mãe querida, nesta vida puro amor.
3. Céus e terra estão cantando, celebrando teu louvor.

Tema n. 37 (C.F. 1976)

JUNTOS COMO IRMÃOS, MEMBROS DA IGREJA, VAMOS CAMINHANDO, VAMOS CAMINHANDO. JUNTOS COMO IRMÃOS AO ENCONTRO DO SENHOR.
1. Somos povo que caminha num deserto como outrora.
Lado a lado sempre unido, para a Terra Prometida.
2. A Igreja está em marcha, a um mundo novo vamos nós.
Onde reinará a paz, onde reinará o amor.

NÓS VOS PEDIMOS (C.P., n. 108)
NÓS VOS PEDIMOS, SENHOR, POR VOSSA IGREJA: DIGNAI-VOS PROTEGÊ-LA, UNI-LA E GOVERNÁ-LA EM UNIÃO COM O PAPA, O BISPO E TODOS NÓS.
CRISTO DEIXOU-NOS SUA IGREJA
Cristo fez uma família e de IGREJA Ele a chamou.
Começou bem pequenina, mas bem logo se espalhou.
Hoje, a Igreja somos nós, os amigos de Jesus,
João Paulo é nosso chefe e o Espírito o conduz.

Tema n. 38

1. Cristo vai voltar, Cristo vai voltar. Cristo vai voltar um dia.
É o que sinto em mim, eu creio, sim. Cristo vai voltar no fim.
2. Nunca mais sofrer, nunca mais sofrer, nunca mais sofrer um dia.
É o que sinto em mim, eu creio, sim. Nunca mais sofrer no fim.
3. E teremos paz, e teremos paz, e teremos paz um dia.
É o que sinto em mim, eu creio, sim: E teremos paz no fim.

Tema n. 39 (C.P., n. 175)

1. Estive com sede e vós me saciastes.
VINDE, BENDITOS DO MEU PAI!
2. Estive com fome e vós me alimentastes.
3. Estive doente e vós me consolastes.
4. Eu fui peregrino e vós me recebestes.
5. Eu fui prisioneiro e vós me visitastes.

Tema n. 40 (C.O., n. 137)

ONDE O AMOR E A CARIDADE, DEUS AÍ ESTÁ.
Junto, um dia, com os eleitos, nós vejamos *tua face, gloriosa, Cristo Deus.
Alegria que é imensa e ainda vem *pelos séculos dos séculos. Amém.

TEM SEDE, MINHA ALMA (C.O., n. 183)
TEM SEDE, MINHA ALMA, DE DEUS, DO DEUS VIVO.
QUANDO IREI EU VER A FACE DO MEU DEUS?
1. Como suspira a ovelha pelos veios d'água,
Assim por vós, ó Deus, suspira a minha alma.
2. Glória ao Pai, e ao Filho, e ao Espírito Santo,
Como era no princípio, agora e sempre. Amém.
SOU FELIZ
SOU FELIZ, SENHOR, POIS TU ESTÁS SEMPRE COMIGO:
A TUA PROVIDÊNCIA ME GUIA E NA GLÓRIA ME ACOLHERÁS.

MISSA DA PRIMEIRA EUCARISTIA

Entrada: 1. Ao encontro uns dos outros com Jesus aqui viemos (C.O., n. 9)
/: Esperança e alegria neste encontro nós trazemos./:
2. Vamos todos neste dia, que raiou com tanta luz,
/: **NA PRIMEIRA EUCARISTIA** encontrar-nos com Jesus. /:
3. E Jesus que nos reúne e de todos é irmão:

/: Já está vivo e presente nesta nossa união./:
4. Como é bom estarmos juntos e unidos no Senhor,
/: Proclamando sua bondade, sua paz e seu amor./:
5. Ó Jesus na Eucaristia nós pedimos com fervor.
/: Traz ao mundo alegria, mais justiça, paz e amor./:

Evangelho: (Missa da I Eucaristia – Acácio Santana) Aleluia, aleluia, aleluia, aleluia.
No Evangelho de São Marcos, de São Lucas, de São João e São Mateus
Escutamos Jesus, Filho de Deus. Aleluia, aleluia, aleluia, aleluia.

Ofertório: (Missa da Juventude)
Ofertas singelas pão e vinho sobre a mesa colocamos.
Sinal do trabalho que fizemos e aqui depositamos.
É TEU TAMBÉM NOSSO CORAÇÃO. ACEITA, SENHOR, A NOSSA OFERTA, QUE SERÁ DEPOIS, NA CERTA, O TEU PRÓPRIO SER.
2. Recebe, Senhor da natureza, todo o fruto que colhemos.
Recebe o louvor de nossas obras e o progresso que fizemos.
3. Sabemos que tudo tem valor depois que a terra visitaste.
Embora tivéssemos pecado foi bem mais o que pagaste.

Comunhão: (C.O., n. 577)
SENHOR JESUS, NÓS, CRIANÇAS, VOS AMAMOS *COM TODO O NOSSO PEQUENO CORAÇÃO.
A RECOMPENSA QUE NÓS ESPERAMOS *SERÁ A NOSSA ETERNA SALVAÇÃO.
1. Chegou o dia da querida festa, *chegou a hora em que vamos comungar.
A inocência brilha em nossa testa, queremos sempre a Jesus amar.
2. Senhor Jesus, nós cremos firmemente *e proclamos com fé e com amor:
Na Hóstia santa vós estais presente, *sois nosso Deus, nosso Redentor.
3. Vinde, Senhor de toda majestade, *Vinde, Jesus, nosso Deus e Redentor,
Com corpo, sangue, alma e divindade, vinde, mostrai-nos o vosso amor.
4. Abençoai-nos, ó Jesus querido, *no sacramento de vosso santo amor.
Enquanto sois por muitos esquecido, *vos adoramos, ó Bom Pastor

Final: SOU FELIZ, SENHOR, PORQUE TU VAIS COMIGO (C.O., n. 780)
VAMOS LADO A LADO, ÉS MEU MELHOR AMIGO...
1. Quero ter em meus olhos a luz do teu olhar;
Quero na minha mão tua mão a me guiar.
2. Como brilha no céu o sol de cada dia:
Quero brilhem meus lábios com sorrisos de alegria.
3. Como o vento veloz o tempo da vida passa:
Quero ter sempre em mim o favor da tua graça.

6. Vocabulário

Absolver – Perdoar, desculpar, isentar.

Anunciar – Publicar, fazer conhecer, propagar anúncios ou notícias.

Católico – Cristão batizado e fiel a Cristo na Igreja Católica, Apostólica, Romana, governada pelo papa e pelos bispos.

Celeste – Relativo ao céu, divino, belo, sobrenatural.

Cenáculo – Sala de jantar, refeitório, lugar onde Cristo celebrou a Última Ceia.

Centésimo – A centésima parte do salário, que é oferecida como contribuição de cada um para a comunidade.

Centurião – Oficial romano que comandava uma centúria, isto é, um batalhão de 100 soldados.

Concílio Vaticano II – Reunião de bispos de todo o mundo, de 1962 a 1965, em Roma; nessa reunião foram tomadas decisões importantes que ainda hoje valem para a Igreja universal.

Concorrer – Competir, "correr junto", disputando um prêmio; fazer um concurso.

Consumação dos séculos – Fim dos tempos, fim do mundo.

Conversão – Mudança de vida, esforço para deixar o mal e abraçar o bem, volta para Deus.

Corpo Místico – É o corpo sobrenatural, misterioso, que, segundo São Paulo, é formado por Cristo como cabeça e por nós, batizados, como seus membros.

Descendência – Conjunto dos descendentes, isto é: filhos, netos, bisnetos etc. dos mesmos pais.

Desonesto – Impuro, o que não é casto, o que não é santo.

Dimensão social – É o reflexo, na sociedade, de uma ação individual. Por exemplo, o bem que eu faço resulta em bem dos outros, e o mal que eu faço prejudica também os outros.

Discípulo – Aluno, aquele que recebe instrução de um mestre ou professor.

Dízimo – A décima parte da colheita que, segundo Dt 14,22, deveria ser entregue a Deus. O 5º Mandamento da Igreja mantém ainda esta obrigação, como contribuição de cada um à comunidade. Hoje, na forma do centésimo.

Doutor da Lei – Entendido na Lei, escriba, pessoa instruída no tempo de Jesus.

Eleitos – Escolhidos, preferidos, designados.

Encosta – Vertente de uma colina ou de um morro.

Enfermo – Doente, fraco, pessoa que precisa de tratamento.

Empregada doméstica – Empregada para o serviço caseiro, quem presta serviço na família.

Espírito – Realidade diferente da matéria, entidade sobrenatural. Por exemplo: Deus e os anjos são espíritos.

Eterno – Que dura sempre, que não terá fim, por exemplo: Deus é eterno.

Exílio – Desterro, lugar de moradia longe da pátria.

Explorar – Ato de explorar, isto é, servir-se dos outros em proveito próprio.

Fariseus – Membros de antiga seita judaica que se julgavam superiores aos outros por observarem rigorosamente as prescrições da Lei.

Fraternidade – Amor fraterno, isto é, amor de irmão para irmão.

Harpa – Antigo instrumento de música, espécie de violão.

Ídolo – Figura ou estátua que representa um falso deus e que é objeto de adoração.

Imolado – Sacrificado, morto com derramamento de sangue, oferecido como vítima.

Independente – Aquele que não depende mais dos outros, por exemplo, a criança, à medida que cresce, vai tornando-se independente de seus pais. Contudo, em certo sentido, nós continuamos sempre dependentes dos outros. E principalmente somos dependentes de Deus.

Instituir – Começar, inventar, fundar uma coisa; por exemplo: Jesus instituiu a Eucaristia.

Israelita – Pessoa pertencente ao povo de Israel, isto é, o Povo de Deus no Antigo Testamento.

Maná – Pão milagroso que os israelitas comeram no deserto (cf. Ex 16). Era a prefiguração da Eucaristia, a comida espiritual do Novo Testamento (cf. Jo 6).

Missão – Ato de enviar; incumbência, obrigação, tarefa, dever.

Mistério – Verdade de fé que conhecemos e aceitamos porque Deus a revelou, mas que não chegamos a compreender claramente, embora possamos aprofundá-la sempre mais.

Multidão – Aglomeração de pessoas, muita gente.
Multiplicação – Ato ou efeito de multiplicar, aumentar, reproduzir.
Normas – Leis, regras, conselhos que a gente deve observar.
Omissão – Falta, lacuna, vazio, deixar de fazer o que se deveria.
Origem – Começo, princípio, procedência.
Parábola – Narração tirada da vida de cada dia, que encerra um ensinamento moral. Assim eram as parábolas de Jesus, por exemplo: a ovelha perdida, o filho pródigo, o semeador.
Paralítico – Aquele que sofre de paralisia, que não pode andar e custa a mexer-se.
Permanecer – Conservar-se, continuar a ser, perseverar, ficar.
Poderosos – Aqueles que têm grande poder, baseado na riqueza ou posição social.
Possesso – Possuído do demônio, endemoninhado.
Preservada – Livre, isenta, que não precisa passar por...
Publicanos – Pessoas encarregadas de recolher os impostos para o Império Romano. Eram considerados pecadores pelos fariseus.
Purificar – Tornar puro, tirar a mancha, santificar.
Reconhecer – Compreender, admitir, aceitar.
Repleto – Muito cheio, farto, transbordante.
Sabedoria – Qualidade daquele que é sábio, instruído, prudente.
Salmo – Oração composta pelos reis, sacerdotes e profetas do Antigo Testamento. A Bíblia, no livro dos Salmos, nos apresenta 150 dessas belas orações.
Santuário – Lugar sagrado, onde no Antigo Testamento se guardava a Arca da Aliança.
Soberba – Orgulho, arrogância presunção de quem acha que não precisa dos outros e nem mesmo de Deus.
Seminarista – Aluno interno de um seminário, onde estudam os que se preparam para serem padres.
Sucessores – Os que sucedem a alguém num cargo importante, por exemplo: os bispos são os sucessores dos apóstolos.
Templo – Edifício religioso construído pelo Rei Salomão em Jerusalém. Atualmente o mesmo que igreja, lugar de oração, casa de Deus.
Totalidade – Conjunto das partes que constituem um todo, soma.
Transbordar – Estar muito cheio, derramar por cima.
Trevas – Escuridão completa; símbolo da morte, do sofrimento e da ausência de Deus.
Ungir – Aplicar óleo consagrado, untar com óleo, passar óleo.
Unidade – União, valor dos que estão unidos na mesma fé, nos mesmos interesses, nos mesmos ideais.
Universal – Que abrange tudo, o universo inteiro; uma das notas características da Igreja.
Vida oculta – Vida escondida que Jesus levou em Nazaré até começar sua vida pública.
Vida pública – Período de atividade externa de Jesus durante cerca de três anos, tempo em que Ele anunciou o Reino de Deus.

CANTO:

Põe bem atento o ouvido na concha e fica a escutar. * Vê como a concha, lá dentro, guarda o marulho do mar.

Guarda o soluço das ondas, sua perene canção. * A concha guarda contente do mar a bela oração:
Deus também quer, auscultando teu coração pequenino
Ouvir, lá dentro, o amor, que é seu marulho divino.
Quer a tua alma escutando, como a concha do mar,
Sentir que guardas, lá dentro, um só desejo: **amar**.
– Catequista, receba esta canção que lhe cantamos de todo o coração.
Você faz parte desta nossa amizade. Bem merece, na verdade, nossa terna afeição.
– **Terra e céus**, estrelas e mar: * Querem-vos hoje (3x) felicitar.
– Notas vibrantes soam num canto de saudação. * Vozes de intenso júbilo, dizendo de coração: "Parabéns e gratidão".

7. Orientação ao catequista

1. ESTRUTURA TEOLÓGICA DO LIVRO

O conteúdo doutrinário-vivencial do livro **JESUS E NÓS NA EUCARISTIA** se baseia no esquema da **REVELAÇÃO DIVINA:**

1ª UNIDADE: DEUS SE REVELA NO MUNDO CRIADO – 5 aulas

2ª UNIDADE: DEUS SE REVELA NA HISTÓRIA

2.1 – História do Povo de Israel – 6 aulas

2.2 – História de Jesus de Nazaré (Cristo Histórico) – 12 aulas

2.3 – História da Igreja (Cristo Místico) – 14 aulas

3ª UNIDADE: DEUS SE REVELA NO CÉU – 3 aulas

Como vemos, as 40 lições do Manual compreendem 3 unidades e 3 subunidades, cujos conteúdos estão correlacionados entre si. Igualmente, sob enfoques diferentes, dentro de uma linha concêntrico-progressiva, vários temas são abordados em todas as unidades e subunidades do livro.

Vejamos, como exemplo, as 20 aulas dos dois temas centrais do livro, a Penitência e a Eucaristia.

I PENITÊNCIA:	II EUCARISTIA:
1ª Unidade – 5ª aula	**1ª Unidade** – 3ª e 4ª aulas
2ª Unidade: 2.1 – 8ª aula 2.2 – 16ª, 17ª e 18ª aulas 2.3 – 29ª, 30ª e 31ª aulas	**2ª Unidade**: 2.1 – 9ª aula 2.2 – 19ª, 20ª e 21ª aulas 2.3 – 32ª, 33ª e 34ª aulas
3ª Unidade – 38ª aula	**3ª Unidade** – 39ª e 40ª aulas

Dentro desta mesma linha concêntrico-progressiva, são abordados outros temas, tais como:

– A bondade, a misericórdia e a justiça de **Deus Criador**

– A ação santificadora do **Espírito Santo**

– **Jesus Cristo**, nosso Salvador

– Maria Santíssima

– O Povo de Deus

2. ESQUEMA DIDÁTICO DA AULA

O esquema de cada lição se fundamenta na técnica de ensino chamada **ESTUDO DIRIGIDO** com texto básico complexo. Isto significa que, além do texto básico simples, apresentado no início de cada lição, a criança deverá adotar o Novo Testamento, para pesquisa, no exercício das atividades.

Dentro, pois, das diretrizes desta moderna técnica de ensino, cada aula seguirá os passos seguintes:

1º – **OBJETIVO:**

É a aprendizagem que a criança deverá efetuar. Este objetivo deveria constituir o ponto de partida da aula, perpassando todas as suas etapas e encontrando seu coroamento na vivência concreta da mensagem. Por isso mesmo, o catequista encontrará o **objetivo** de cada lição na síntese final: **"PARA VOCÊ VIVER"**.

2º – **RECURSO PEDAGÓGICO:**

Além de outros, sugeridos pela criatividade do catequista, o livro apresenta a **ilustração** que é o recurso pedagógico fundamental do Estudo Dirigido e que se encontra no início de cada lição. A criança é convidada a colorir o desenho, para com isso concentrar-se e preparar o clima necessário para a leitura do texto básico.

3º – **LEITURA INDIVIDUAL E SILENCIOSA:**

Segue-se a leitura silenciosa do texto, sublinhando-se as palavras de difícil compreensão.

4º – **ESTUDO DO VOCABULÁRIO:**

Pode ser feito de vários modos. Como orientação, segue o método seguinte:

O catequista chamará as crianças, que encontraram palavras difíceis, para que leiam o que sublinharam no texto básico. À medida que a criança ler uma palavra, o catequista apresentará a devida explicação.

5º – **LEITURA EM VOZ ALTA:**

Todos os alunos poderão ser chamados para a leitura em voz alta. Enfatizar-se-á a leitura das partes grifadas.

6º – **EXERCÍCIO DA 1ª ATIVIDADE:**

Trata-se da **memorização** propriamente dita, pois contém a parte essencial da mensagem que deverá ser fixada pelas crianças. O aluno, pois, munido de lápis e sob a direção do catequista (daí **Estudo Dirigido**), responderá às perguntas da 1ª atividade. Para isto, deverá reler o texto básico e colocar entre colchetes [ ] as respostas que estão no texto, na mesma sequência das perguntas e sempre em um novo parágrafo.

Diante da resposta encontrada, o aluno colocará o n. da respectiva pergunta. Em casa, com a ajuda dos pais, a criança passará a limpo esta atividade num caderno chamado Caderno de Atividades.

7º – **OUTRAS ATIVIDADES:**

A 2ª, 3ª ou mais atividades de cada aula poderão ser feitas em classe ou em casa, de acordo com o critério do catequista. Seria mais interessante se a atividade que requer pesquisa bíblica fosse feita em casa com a ajuda dos pais e familiares da criança. O **canto** deve sempre estar relacionado com o tema da aula, podendo ser aproveitado como atividade ou como oração. Encontra-se no Apêndice do livro.

8º – **ORAÇÃO:**

Embora nem todas as aulas apresentem uma oração própria, não se esqueça o catequista de ajudar o aluno, no sentido de encontrar-se pessoal ou comunitariamente com Deus na oração. Sem este contato da criança com Deus, que é o momento culminante da aula, não existe catequese, nem educação religiosa.

9º – **VIVÊNCIA:**

Embora se queira dar ênfase especial ao aspecto da fixação, não devemos perder de vista que o importante mesmo é oferecer condições à criança para **viver a mensagem** que lhe foi revelada. Sabemos que religião não é teoria, mas **vida**. Por isso mesmo, a síntese final: **PARA VOCÊ VIVER**, deveria marcar todos os momentos da aula, constituindo seu ponto de partida, seu fio condutor e, sobretudo, seu coroamento.

10º – **AVALIAÇÃO:**

Como processo constante do ensino, a avaliação deve merecer a atenção especial do catequista. Com efeito, um bom catequista jamais deverá ministrar uma aula sem primeiro certificar-se da aprendizagem do tema anterior. Concretamente, o catequista ficará informado deste aspecto pelo questionário da 1ª atividade. A criança conseguiu aprender os conteúdos das atividades? Não será necessário dar mais uma explicação antes de passar para a lição seguinte? Esta revisão pode ser feita no início de cada aula. O catequista poderá também chamar individualmente as crianças que tenham mais dificuldade, para ajudá-las, enquanto a maioria estiver colorindo o desenho.

3. O APÊNDICE DO LIVRO

1. DUAS AULAS SOBRE A MISSA: (p. 90 e 92)

Estas aulas foram colocadas no Apêndice, justamente para deixar ao critério do catequista a escolha da época mais oportuna para ministrá-las. Salienta-se apenas que, para levar as crianças a uma participação mais consciente da missa dominical, é preciso prepará-las bem por meio destas duas aulas.

2. CELEBRAÇÃO – ACOLHIDA DA CRIANÇA NA COMUNIDADE: (p. 94)

Num documento da CNBB, publicado em 1975, lê-se:

"É NECESSÁRIO QUE A PREOCUPAÇÃO DOUTRINAL CEDA O PRIMEIRO LUGAR À **AUTÊNTICA** INICIAÇÃO, ISTO É, À INTRODUÇÃO NA VIDA COMUNITÁRIA DE FRATERNIDADE E DE PARTICIPAÇÃO NA MISSÃO ECLESIAL" (cf. Pastoral dos Sacramentos da Iniciação Cristã à p. 100, n. 6).

Com o objetivo de introduzir a criança na comunidade eclesial, aconselha-se fazer esta celebração na Liturgia da Palavra da 1ª missa participada pelo grupo.

3. CELEBRAÇÃO – RENOVAÇÃO DAS PROMESSAS DO BATISMO: (p. 96) Sugere-se celebrar a Renovação das Promessas do Batismo na véspera ou alguns dias antes da Primeira Eucaristia, precisamente após a Liturgia da Palavra da Celebração eucarística. Para esta celebração torna-se indispensável a presença dos pais das crianças.

4. CELEBRAÇÃO DA PENITÊNCIA: (p. 98)

Pode ser feita após a aula n. 31: **"COMO RECEBER O SACRAMENTO DA PENITÊNCIA"**. Recomenda-se aproveitar o **Exame de Consciência** à p. 98, para um exercício que ajude a criança na descoberta de "seus pecados". Atrás de cada pergunta a criança é orientada a escrever **SIM** ou **NÃO**. O catequista mostrará que só houve pecado onde apareceu a palavra **NÃO**. E, no caso concreto da acusação dos pecados, ensinar-se-á a transportar a palavra **NÃO** para o início da pergunta, tirando-se o ponto de interrogação no final da mesma.

5. CANTOS: (p. 100)

Na Livraria Arquidiocesana de Florianópolis pode-se adquirir fitas cassete com todos os cantos gravados. Caso esta aquisição se torne difícil e não se conhecendo a melodia de certos cantos, aconselha-se utilizá-los para recitação individual ou comunitária. Neste particular, recomenda-se explorar a técnica do gesto ou do movimento rítmico.

6. VOCABULÁRIO: (p. 108)

Com o objetivo de auxiliar o catequista no estudo do vocabulário de cada lição, apresenta-se uma listagem de palavras pouco empregadas na linguagem da criança.

7. ORIENTAÇÃO AO CATEQUISTA: (p. 110)

Em poucas palavras, procurou-se visualizar a estrutura teológica do conteúdo, o esquema didático da aula, o apêndice do livro, apresentando-se algumas orientações gerais.

4. ORIENTAÇÕES GERAIS:

Sugere-se:

1. Reunir as crianças em turmas pequenas de 15 a 25 elementos.

2. Prever grupos de nível homogêneo que estejam cursando o 4º ou 5º ano do Ensino Fundamental. Atingir a criança pela família, programando reuniões bimestrais para os pais.

4. Realizar a Primeira Eucaristia na comunidade Paroquial da qual a criança faz parte.

5. Conscientizar as crianças e seus pais, desde o início da catequese, que, na avaliação final, entrarão sobretudo 4 elementos:

1) Boa frequência às aulas de catequese.

2) Fixação dos conteúdos do questionário da 1ª atividade.

3) Boa apresentação do Caderno de Atividades.

4) Participação dos pais, sobretudo nos encontros programados para eles.